本书是教育部教师工作司委托课题"中小学（幼儿园）教师考核评价改革研究"（
上海市人民政府决策咨询研究教育政策专项课题"破除'五唯'与构建更加科学
（课题编号：2019-Z-R08）的研究成果

A Study

of

Basic Education

Teacher Evaluation

上海 **教师教育** 丛书

知 困 书 系

李永智

主编

基础教育教师评价研究

上海教育出版社

SHANGHAI EDUCATIONAL
PUBLISHING HOUSE

上海教师教育丛书编委会

主　　任　王　平　尹后庆
副 主 任　李永智
编　　委　（以姓氏笔画为序）

策　　划　吴国平

本书编委会

主　　编　李永智

项目顾问　（以姓氏笔画为序）

尹后庆　任友群　孙　鸿　李兴华

顾志跃　黄娟娟

编　　委　周增为　杨　洁　郭　婧　朱园飞

陈　鹏

总　序

　　教育改革的步伐已经进入了关注教师发展的新阶段。不是因为课程改革已陷于制度性疲倦，不是因为评价改革终将受制于社会发展的瓶颈，也不是因为我们拥有超过千万的中小幼教师队伍，每年有数十万的青年人正在进入这个领域。课程也好，评价也罢，根本上它们都内在于教师。拥抱"教师的年代"，不在于讨论有多少以教职为生计的人，而在于如何拥有师者的内在品质，值得学生效法，使自己从一名教者成长为一名真正的师者。

关注教师是国际教育改革的普遍趋势

　　制度化教育确立以来，课程长期占据着学校教育的中心地位。直到20世纪60年代，国际教育界才开始把视线转向教师。这是由于课程、教学、评价、管理这些学校层面的所有改革，最终都离不开教师。尽管半个世纪以来，教师职业到底算不算专业还存有不同的看法，但关于教师的专业化问题持续受到广泛关注。

　　中国向来具有别于西方的教育传统。中国古代教育有重教师、轻课程的传统，唯这种传统并未演化成现代意义上的教与学的机制，更未形成制度化的学校，因此循着传道授业解惑的路径发展教师素养的希冀，愿望虽好，但缺少登梯之阶，难以形成规范。近年来，随着教育国际交流的增进，尤其是上海学生在PISA项目中的表现，引来国际社会对中国教师组织化程度经验的关注，其中教研组和集体备课被认为是两大亮点。因为在西方，教师的教学行为被认为是从属于个人的专业行为，即便是同行也不得任意干预，可以想见，其结果便影响到授业与指导经验的传播。问题是，中国学校教研组的形式究竟以怎样的方式引导教师提升专业能力，尚缺乏充分的论证和公认的成果。理论上来说，一个组织如果确实发生了影响，既有可能是正面积极的，也有可能是负面消极的。教研组对于教师的影响，既未被证实也未被证伪，能否成为经验尚待科学论证。至于集体备课，不久前在上海对近8000名中小学幼儿园教师所进行的问卷调研显示：面对庞杂的课程事实和众说纷纭的教师要求，一大批成长期的教师从茫然不知所措，到随波逐流；而所谓"成熟期"的教师则顾影自怜地停留在自我经验的世界中，真正知识讲授型教师则难觅踪影。教师发展的局限已成为深化课程改革的短板，这样的局面不改变，教育质量有大滑坡的风险。

教师的成熟需要积累丰富的社会实践

在汉语中，我们把师者称为"老师"，一般解释其中的"老"无义，表尊敬。其实《荀子·致士》中强调了做老师有四个条件，其中一条曰"耆艾而信，可以为师"。古人把50岁的人称为"艾"，把60岁的人称为"耆"，把70岁的人称为"老"。这或是"老师"称谓的早期由来。可见，年龄本是成为教师的一项先决的基本条件。只是在制度化教育出现以后，尤其是以分科为特征的知识传授成为学习的基本形式形成以来，这种年龄的限制才被取消。

古人为什么会对为师者设置年龄限制，是因为教师的职业属性是一名"杂家"，这样的"杂家"不经过长期的、丰富的社会实践积累，是难以炼成的。在今人眼里，"杂家"似乎意味着专业程度低人一等。其实，无论是在古代中国还是在近代西方，强调的都是社会中的个体应具备多方面的才能。孔子所谓的"君子不器"不是在谈"杂家"吗？而马克思关于人的全面发展又何尝不是在谈"杂家"呢？及至当代，"把一个人在体力、智力、情绪、伦理各方面的因素综合起来，使他成为一个完善的人，这就是对教育基本目的的一个广义的界说"（《学会生存》）。这句话表明"杂家"较之于"专家"更近于"完善的人"。教师面对的是多姿多彩的学生，每个学生都有各自的阅历，他们的家庭、他们的生活、他们的所见所闻都不尽相同，每个学生都是一个完整的世界，每个学生又都是一个独特的世界。教师要想成为学生精神生活的指引者，自己必须是一个精神生活丰富的人。而精神生活丰富的基础就是有渊博的知识，不仅是专业知识，而且是与之相关的各方面的知识。

岗位成长已成为教师专业发展的共识

我们拥有成熟的师范教育体系，拥有完备的教师任职制度，是否就意味着我们拥有了优秀教师的培养机制？想要回答这一问题，须明了教师是师范院校培养的吗？教师资格认证制度是从教的当然资质吗？

教师知识与技能的习得途径主要有三种：一是书本阅读，二是课堂知识传授，三是实践体悟。前两种可以通过岗前培养与训练获得，后一种则需要在岗锻炼习得。这就意味着，一名真正合格的教师无法在职前培养中完成，亦无法依靠教师资格认证制度自然解决。这也可以解释为什么近年来相当数量的示范性高中多从综合性大学招收新任教师，是示范性高中教学要求低，还是这些学校无视教育的专业属性？答案显然不是。教师的专业性主要不在于"知"，而在于"行"，即一名教师在从教岗位上的实践、探索、体验、反省和觉悟。可以认为，教师是在岗位实践中自我型塑的，师范院校也好，综合性大学也罢，都不过是为一名教师从教所做的预判性准备。

所谓教学，不是教师从书本上把知识搬家一样送到学生面前，它必须融入教师自己的透彻理解，没有教师的透彻理解很难有学生的透彻理解，"以其昏昏，使人昭昭"的事在教育上是难以发生的。在教师透彻理解的基础上，还必须考虑知识传授的方法。采取什么样的方法，除了教师的个人喜好外，还涉及知识的难易程度、学生的接受程度以及教学资源的承受能力等因素，取舍之间，包蕴着非常丰富的个性化知识。一名真正的优秀教师拥有丰富的个性化知识，犹如中医问诊中的察颜把脉。这种知识无法仅仅通过书本研读和知识传授获得，需要通过实践不断揣摩，从而得到一种内化了的知识。显然，它是一种非常个人化的特殊知识，需要教师在对每个学生"辨症"施教中不断积累，其习得主要依赖于教师的个人努力。由此，可以得到一条简单而又明确的结论：帮助一名从教者，使之成为一名真正的师者。可以说，帮助数以千万计的从教者，使其早日成长为师者，这是今日中国教师教育领域的一项重大课题。

助推教师成为教育的思想者、研究者、实践者和创新者

国家兴旺，教育为本；教育优先，教师为基。持续了半个世纪的教育改革浪潮把教师发展推到了历史的前台。在当代教育的历史进程中，教师不是单纯的任务执行者，而是教育的思想者、研究者、实践者和创新者。在专业发展的路径上，教师的主体地位、精神和意识得到了时代的推崇，教师专业化发展和对教师的重新发现将对教育产生重大影响。可以说，教师问题的重要性已无须讨论，而应考虑如何实践。

新一轮课程改革呼唤着教师创造性地施行教与学的行为。吊诡的是，一大批被应试熏陶出来的青年走上讲坛，他们却被要求培养有创新能力的学生。面对变化了的教学材料和教学要求，是施教者的一脸迷茫和不知所措。英国教育家沛西·能曾说过，教师是学生学习的最大动力。问题是，迷茫中的施教者如何才能让自己成为学生学习的动力呢？

基于上述认识，由上海市师资培训中心主持，联合上海师范大学、华东师范大学以及上海教育出版社等单位，倾力研发并打造了这套"上海教师教育丛书"。本丛书由"知会书系""知新书系"和"知困书系"三部分构成，分别聚焦新教师的教学规范、校本的教师研修经验以及优秀教师的成长启示，旨在从岗位上助推有资历和创造性的教师成长，这是我们的理想和愿望。

鉴于本书系不仅是上海也是国内自改革开放以来第一次全面系统开发的教师在岗培训教材，限于能力和水平，在编写过程中尚有诸多局限和不足，乞教于方家，不吝批评指正！

上海教师教育丛书编委会

2017 年 4 月

序 一

教育承载着国家和民族的希望，寄托着亿万群众对美好生活的期盼。深入推动教育改革发展，构建公平而有质量的教育体系，是当前上至党和国家、下至整个社会都普遍关注的重要问题。习近平总书记在全国教育大会上强调，坚持中国特色社会主义教育发展道路，培养德智体美劳全面发展的社会主义建设者和接班人。要深化教育体制改革，健全立德树人落实机制。这为新时代教育改革指明了方向。

应该指出的是，党的十八大以来，以习近平同志为核心的党中央进一步把教育摆在优先发展的战略地位，在巩固提高义务教育普及水平的同时，加快普及学前教育和高中阶段教育，着力发展公平而有质量的基础教育，推动我国基础教育改革发展取得了显著成就。但从整体上看，依然存在一些与教育改革发展不相适应的问题，其中不乏教育评价改革等亟待攻关的难题。由此可知，新时代的教育改革发展需要持续的、深层次的结构性变革。这种结构性变革的本质就是，在党和国家提出新时代新的人才培养标准以及新的教育功能和教育体系要求背景下，研究新理论与新政策，探索教育实践新模式，用好信息技术新手段，构建全面升级教育新体系，实施基础教育的整体性、系统性变革。

在推动教育发展结构性变革的过程中，评价领域的改革既是一个重点问题，也是一个难点问题。人们越来越深刻地认识到高质量发展需要科学的教育评价来引领。当前，迫切需要完善基础教育评价体系的改革，引导全社会树立科学的教育评价观，全面贯彻党的教育方针，落实立德树人根本任务，为培养德智体美劳全面发展的社会主义建设者和接班人提供有力支撑。习近平总书记在全国教育大会上特别强调，要"扭转不科学的教育评价导向，坚决克服唯分数、唯升学、唯文凭、唯论文、唯帽子的顽瘴痼疾，从根本上解决教育评价指挥棒问题"。2020年10月，中共中央、国务院印发的《深化新时代教育评价改革总体方案》对建立基础教育评价体系提出了明确要求。2021年3月，教育部等六部门联合印发的《义务教育质量评价指南》从评价内容、评价方式、评价实施、评价结果运用、组织保障等方面提出了工作要求，明确了教育质量评价的指标体系，为义务教育阶段的质量评价工作落地提供了指南。

在这样的政策背景下，全国各地都在积极探索基础教育评价改革，积累了一些有益的经验。但是，从当前基础教育整体改革发展的现实情况来看，科学的基础教育评价观念尚未普遍建立，评价指标体系还不够科学，评价的方式方法还不够有效，单纯以升学率和分数评价学校、教师和学生的倾向还没有得到根本扭转。因此，亟须各地在基础教育评价方面的实践创新和探索，为提高各地各校基础教育的评价水平，促进教育治理体系和治理能力的现代化提供经验和模式。而其中，尤为需要关注的是教师评价和学生评价。只有从根本上建构指向教育的两大关键主体的合理的评价体系，才能真正撬动教育评价领域的整体变革，为基础教育改革发展提供新的动能。

纵观当前的评价改革，关注的焦点主要在学生评价领域的批判和创新，而对教师评价的探索则相对较少，这实际上是完整的评价体系建构的结构性缺失。教师评价所产生的效能不仅可以助推学校和学生的发展，而且教师所经历的评价也会在一定程度上影响教师本身的教育评价观和学生评价观的形成。因此，有必要在新时代教育改革发展的整体背景下，强化对教师评价的研究和探索。

我们都知道，教育评价改革既需要工具、技术、手段的创新，也需要价值观念的引导，但其根本都是要回归到教育质量和人才培养质量的提升上。教师评价改革作为系统性推进教育改革发展的动作之一，是撬动教育整体发展的重要支点。上海市教育委员会李永智副主任牵头组织编写的《基础教育教师评价研究》可以说是非常及时地在基础教育教师评价方面率先进行了实践探索。本书针对当前教师评价中存在的评价结果效率低、评价内容不丰富、评价方式不适切，特别是评价机制缺乏顶层设计等问题，系统梳理了全国教师评价政策、评价实践，总结了评价机制实践的上海经验，构建了教师评价生态系统。尤其是以下几个特点，为整个基础教育评价的理论与实践探索提供了路径参考。

一是评价系统建构的创新性。教育评价是一项复杂的系统工程，涉及多元主体、多个维度、多个环节。本书从教师个人、学校以及评价文化等多个层面构建了一个完整、系统的评价体系。以信任文化为价值理念，以人本范畴和教师个人特征为内容框架，构建教师评价的生态体系，探究了教师个体、学校、校外环境等层面在教师评价机制中的联动作用，具有创新性。

二是评价内容与方法的科学性。本书突出教师评价重点内容，聚焦评价的关键环节，充分体现了党和国家对办好新时代基础教育的要求。综合运用了政策文本分析、调查研究以及案例研究等各种科学方法，梳理国内外关于评价理念、评价内容、评价技术与方法、评价主体、评价应用、评价文化等关键环节的相关资料，体现了研究的科学性和有效性。

三是研究成果的推广应用性。本书突出目标导向和问题导向，不仅在全国14个省市开展了调查研究，更为重要的是还研制了《教师评价校本实施指南》，给各地教师评价的具体实施和操作提供了非常好的经验和抓手，有很高的辐射和推广价值。

总而言之，在推进新时代基础教育改革发展的进程中，评价领域的改革创新理应被置于更加重要的地位，围绕这一领域的探索也应该更加丰富和系统。其中，尤其要加大对教师评价改革的探索。教师评价要始终把促进学生全面发展、健康成长作为一条红线贯彻始终。特别值得一提的是，当我们在基础教育整体改革发展的过程中审视教师评价问题时，应该特别注重形成整体性、系统性、联动性思维，要敏锐地看到影响教育评价的关键因素之一是教师的评价素养。从这个角度出发，我们应进一步加强对校长和教师评价能力提升的专题培训，在促进校长和教师评价理念、专业素养提升的同时，更好地促进评价观的转变、评价内容的改变以及评价方式的变革等。

同时，教师评价应结合教育教学实际，利用《教师评价校本实施指南》，积极开展教师评价校本研修的研究和指导，通过课程建设和研修，培养一批评价素养高、理论与实践经验丰富的评价人才队伍，不断提高评价的质量。教师评价还需要配套的技术支持。特别是加强过程性资料的采集和数据分析，能将整个评价的过程融入学校日常的教学和管理过程，尝试将学生评价、教师评价和学校评价相关数据进行整合，创新增值评价手段，促进学生、教师、学校的共同成长与发展。

此外，需要注意的是在新时代的教育评价体系中，社会各方的支持也非常重要。因此，要建立校内外资源的支撑体系，使学生和教师的社会实践、社会考察、劳动教育有更多样的基地可去，有更丰富的资源可支撑。这样的校内外协同，使整个教育过程和评价过程，在社会—家庭—学校的视角下，可以出更多的优秀成果，也为整个教育过程的常态化和学校发展的持续化创造更好的条件。

总的来说，本书兼具理论性和实践性、科学性和实用性，为全国各地正在进行的新时代教师评价改革提供了极具价值的行动方案。只有持之以恒地践行，才能持续推动新时代基础教育改革发展，最终实现发展公平而有质量教育的目标。

教育部原副部长 刘利民

2022 年 5 月

序　二

教育是党之大计，国之大计。党的十九届五中全会提出，到2035年要建设教育强国的远景目标。这一重要目标既丰富了社会主义现代化建设的内涵，也吹响了新时代教育改革发展的号角。教育强国建设是一项系统工程，需要破解一个个困扰发展的现实问题，其中尤为重要的是推动教育评价体系的改革和重构。

教师评价是教育评价体系的重要组成部分，是推进教育现代化、激发教师队伍生机与活力的重要保障。在中共中央办公厅、国务院办公厅印发的《关于深化新时代教育督导体制机制改革的意见》中，把教师的教育教学、师德师风、科学研究以及学校教师队伍建设等都作为学校督导的重要内容。可见，教师评价是教育评价和教育督导中的关键一环。教师的教育教学活动要在教育生态系统中运行，教师评价的创新与发展有必要考虑与教育生态系统中其他要素之间的关联。对教育生态空间中教师评价改革的可为与作为，要有清醒的认识和实际的行动。

党的十八大以来，各地根据国家总体要求，积极探索教师评价的有效举措，积累了不少经验：评价目标上指向教育的优质均衡发展，评价对象上重视领军人才的队伍建设，评价内容上呈现多元化综合维度特征。但是总体而言，教师评价在内容设定和指标设计上的时代性不凸显，与当下新时代的教育政策、国家强调的内容关联度不够。教师评价制度的实施、评价指标的设置上存在地域差异。由此可知，急需立足新时代教育改革发展理念，审视和重构教师评价的价值理念和实施方式。这既需要宏观层面政策和制度的不断完善，也需要各地、各校以及所有的教育工作者持续不断的个性化思考和探索。

把握现状、看清本质、发现趋势、找准抓手，是推进新时代教育评价改革的关键路径。深入开展教育评价的理论与实践研究,对把握《深化新时代教育评价改革总体方案》蕴含的评价理念、评价内容和评价方法以及有针对性地推进评价改革具有重要意义,对探索有效的教师评价理念和方式也有现实价值。上海市教育委员会李永智博士组织编写的《基础教育教师评价研究》就是通过学术研究推动教师评价改革的有效尝试。细细研读之后,学习体会良多。

其一,本书站在强化立德树人的教育高度思考教师的考核与评价问题。党的十八大以来,立德树人作为教育的根本任务越来越成为引领教育改革发展的核心价值指向。教师作为教育工作者,必须牢记立德树人的教育使命,必须围绕立德树人的根本任务开展工作。习近平总书记指出:"教师不能只做传授书本知识的教书匠,而要成为塑造学生品格、品行、品位的'大先生'。"本书的研究和写作,始终坚持师德师风是评价教师队伍素质的第一标准。本书认为,教师是学生道德修养的镜子,教师的职业特性决定了教师必须是道德高尚的人群,应该成为以德施教、以德立身的楷模。本书强调,要通过师德师风的建设与考核,提升教师的职业理想与信念,加强教师的职业修养,规范教师的职业行为,这与新时代教育改革发展的内涵和本质极为契合。

其二,本书站在教师队伍建设的整体维度思考教师评价问题。教师评价的改革与教师队伍的整体建设,特别是教师专业发展息息相关。近年来,《关于全面深化新时代教师队伍建设改革的意见》等一系列"强师"政策的出台,有效地促进了我国教师队伍建设。但在为教师队伍建设取得的成绩感到欣喜的同时,也应意识到"五唯"评价体系作为特定的历史产物,在以创新、卓越为引领的国家和社会战略决策新时代已不合时宜,现有的各类教育评价不同程度地存在导向不合理、方法不科学等问题,推动教师评价的改革成为当前制约教师队伍整体建设的瓶颈问题。本书站在新时代教师队伍建设的整体维度,提出新时代的教师评价生态:一要体现教师职业专业化特征和教师教学工作属性的融合;二要与当下的教育形势和教育政策热点相关联;三要对教师评价进行系统考虑和综合设计,尤其是将学校支持、校长领导力、学校制度文化等纳入评价要素;四要关注教师非认知技能,尤其是对职业理想与职业道德的评价。这些理念和举措的提出,对通过教师评价整体强化和改进教师队伍建设具有直观而现实的意义。从教师队伍建设的全局视角整体思考教师评价问题，也为推动新时代高质量教师队伍建设提供了新的思路。

其三，本书站在区域教育发展的独特角度思考教师的考核与评价问题。从历史的沿革和回溯来看，区域教育综合改革是我国改革开放的产物，作为新时代推进教育改革的一项重要战略举措，发挥着积极探索区域模式的创新之路、为全国进一步深化教育改革提供借鉴、放大教育改革促进区域发展的效应、为全面深化改革提供来自教育系统的经验等独特作用。与其他领域的改革以及教育领域其他方面的改革相比，区域教育综合改革具有内生性、包容性、重构性和"直接获得性"等特点。正是因为这些特点的存在，区域教育研究和实践往往更容易生成具有辐射性、借鉴性的价值。上海是我国基础教育改革和发展的高地，近年来围绕课程教学改革、教师队伍建设、教育评价变革与创新等开展了一系列持续性的区域研究和思考，形成了很多具有先进性和辐射性的成果。《基础教育教师评价研究》基于上海在教师评价领域的实践探索，通过实证研究，系统展现了上海对新时代教师评价"评什么""谁来评""怎么评"以及评了之后"怎么用"的系统性思考。书中所呈现的研究结论，对其他地区推进教师评价改革具有直接的借鉴意义。

我本人长期从事教育督导工作，在我看来，教育督导和教育评价有着内在的契合和关联，其核心价值都在于保证教育的正确办学方向，都要强化教育立德树人的根本任务，都要着眼于教育质量的持续提升。当前中国特色社会主义建设已进入新的时代，我国教育事业发展也随之进入一个新的历史时期，无论是教育评价还是教育督导，都要直面新的任务和挑战。正是因为如此，我在日常工作中思考教育督导工作的同时，也非常关注评价领域的改革。我非常欣喜地看到像《基础教育教师评价研究》这样既紧跟时代又充分彰显特色的评价研究成果，这是教育工作者主动参与、积极回应新时代教育改革发展新形势和新任务的最直接体现。

百年大计，教育为本。教育大计，教师为本。教师专业素质对教育事业发展水平具有决定性影响。目前,我国教育督导活动开展过程虽已将教师队伍建设纳入督导内容中,但在内容定位与督学作用发挥层面还有诸多需要改进之处。《基础教育教师评价研究》体现出对教师评价工作的理解和运用,也为新时代教育督导体制和功能的优化提供了新的参考,即今后在教育督导过程中应重点加强对教师队伍的督导,加强对教育行政部门和学校如何合理地评价教师的督导,加强对教育评价反馈与激励作用的督导。只有如此,才能充分发挥督导在教师专业发展过程中的保障与引领作用,才能通过督导和评价的联动改革形成新时代教师队伍建设的强大推动力量。

国务院教育督导委员会办公室主任、教育部教育督导局局长 田祖荫

2022 年 5 月

目　录

第一章　聚焦教师评价改革　　　　　　　　　　　　　　　1

第一节　教师评价的历史沿革　　　　　　　　　　　2

第二节　教师评价的意义和功能　　　　　　　　　22

第三节　教师评价的研究设计　　　　　　　　　　26

第二章　新时代中的教师评价基石　　　　　　　　　　32

第一节　人本范畴与教师评价　　　　　　　　　　32

第二节　信任文化与教师评价　　　　　　　　　　40

第三节　教育生态与教师评价　　　　　　　　　　46

第三章　政策视角下的教师评价　　　　　　　　　　　54

第一节　政策文本中的教师评价　　　　　　　　　54

第二节　政策语义中的教师评价　　　　　　　　　60

第三节　政策启示与建议　　　　　　　　　　　　70

第四章　实践现状中的教师评价　　　　　　　　　　　73

第一节　我国基础教育教师评价现状　　　　　　　73

第二节　上海基础教育教师评价经验　　　　　　105

第三节　优质学校评价体系田野观察视角　　　　138

第五章　专业成长中的教师评价　　　　　　　　　　145

第一节　优秀教师专业成长的个人特征表现　　　145

第二节　教师个人特征与评价系统互动机制 　　　　151

第三节　优秀教师发展与评价系统互动启示 　　　　153

第六章　价值重塑下的教师评价改革 　　　　156

第一节　生态视域中的教师评价体系建构 　　　　156

第二节　面向未来的教师评价改革推进策略 　　　　162

第三节　教师评价校本实施指南 　　　　165

结语 　　　　172

参考文献 　　　　176

附录 　　　　183

评价机制现状调查——校 / 园长问卷框架及题目说明 　　　　183

评价机制现状调查——教师问卷框架及题目说明 　　　　186

学校管理者访谈提纲 　　　　188

一线教师访谈提纲 　　　　188

学生座谈提纲 　　　　189

家长访谈提纲 　　　　189

优秀教师叙事访谈提纲 　　　　190

致谢 　　　　191

第一章

聚焦教师评价改革

教育评价事关教育发展方向，有什么样的评价指挥棒，就有什么样的办学导向。2018 年 9 月，习近平总书记在全国教育大会上指出，"要深化教育体制改革，健全立德树人落实机制，扭转不科学的教育评价导向，坚决克服唯分数、唯升学、唯文凭、唯论文、唯帽子的顽瘴痼疾，从根本上解决教育评价指挥棒问题"[①]。2019 年 2 月，中共中央、国务院印发的《中国教育现代化 2035》提出"构建教育质量评估监测机制，建立更加科学公正的考试评价机制，建立全过程、全方位人才培养质量反馈监控体系"[②] 等战略任务。2020 年 10 月，中共中央、国务院印发《深化新时代教育评价改革总体方案》，要求"推进教育评价关键领域改革取得实质性突破"；"改进结果评价，强化过程评价，探索增值评价，健全综合评价，充分利用信息技术，提高教育评价的科学性、专业性、客观性"；"针对不同主体和不同学段、不同类型教育特点，分类设计、稳步推进，增强改革的系统性、整体性、协同性"。[③]

教师评价作为教育评价体系的重要组成部分，其有效性、科学性、专业性和创新性直接关乎中国教育现代化事业的成败。目前，我国基础教育阶段的教师评

---

① 新华网.习近平：坚持中国特色社会主义教育发展道路 培养德智体美劳全面发展的社会主义建设者和接班人［EB/OL］.（2018-09-10）［2022-01-09］.http://www.xinhuanet.com/politics/leaders/2018-09/10/c_1123408400.htm.

② 中华人民共和国中央人民政府.中共中央、国务院印发《中国教育现代化 2035》［EB/OL］.（2019-02-23）［2022-01-09］. http://www.gov.cn/zhengce/2019-02/23/content_5367987.htm.

③ 中华人民共和国中央人民政府.中共中央 国务院印发《深化新时代教育评价改革总体方案》［EB/OL］.（2020-10-13）［2022-01-09］.http://www.gov.cn/zhengce/2020-10/13/content_5551032.htm.

价形式较为丰富,如资格考核、师德师风评价、绩效考核、培训考核、职称评聘、岗位等级晋升、荣誉表彰、评奖评优等。评价内容也呈现多样化,如学生日常表现及学习情况、课题及科研论文发表、专业称号、各类奖项以及教师专业发展情况等。但也不可否认,受到教育评价,特别是评价风向标的影响,现行的教师评价在一定程度上出现评价导向功利化、评价内容简单僵化、数据测量唯指标化等倾向,同时还存在重视智力教育、轻视德体美劳教育,重视知识传授、轻视学生自主学习,重视结果评价、轻视过程评价等现象。

因此,重新审视教师评价的价值理念、内涵领域、主体方式和反馈应用等应有之义;同时,将教师评价置于更为广阔的社会场域中,以人本范畴丰富教师评价领域,以生态支持实现教师赋权增能,以信任文化激活教师内在动力,为基础教育教师评价机制改革提供典型经验和决策参考等方面的探索就势在必行了。

第一节　教师评价的历史沿革

一、教师评价机制的定义

教师评价(teacher evaluation)是教育评价系统中的重要部分,教师评价研究是教师管理制度建设的首要环节。我们要关注的不只是评价本身,还要探索其运行的各种机制。在探讨教师评价机制之前,我们要对教师评价以及教师评价机制的定义作出明确阐释。

(一)教师评价

教师评价是本书的核心概念。不同类型的教育工具书对教师评价给予了不同的界定,主要有:

(1)《教育大辞典》中对教师评价的界定是"通过系统地收集信息,对教育目标及实现目标的教育活动进行分析和价值判断的过程"[1]。

(2)《中国教育大百科全书》中对教师评价的界定有广义和狭义之分,"广义指对于教育领域中各种相关的人、事、物、制度、观念等的教育价值的评价""狭义指在系统、科学、全面地搜集、整理、处理和分析教育信息的基础上,对教育的

---

[1] 顾明远.教育大辞典(增订合编本)[M].上海:上海教育出版社,2002.

价值作出判断的过程"①。

国内学者也从不同角度对教师评价进行了界定，主要有：

（1）教师评价的本质是对教师进行价值判断，是评价者在教育价值观支配下，根据评价信息，经过思维加工，对教师的价值作出判断的过程。②

（2）教师评价是对教师工作现实的或潜在的价值作出判断的活动。③

（3）教师评价是依据学校的培养目标和人民教师的根本任务，运用现代教育评价理论和方法对教师个体的工作质量进行价值判断。④

（4）通过对教师素质和教师的教育教学行为表现状况的测量，评判教师素质水平及其教育教学效果。⑤

（5）从收集信息的方式来看，主要有三种不同的教师评价：① 教师胜任力评价，评估教师所需要的素质或胜任力；② 教师绩效评价，评定教师在工作中的表现；③ 教师有效性评价，评估教师施加给学生的影响。⑥

（6）教师评价是评价者根据一定的评价标准和程序，采取多种方法收集评价资料，对教师个人资格、能力与表现进行价值判断的活动。⑦

（7）教师评价是教育主管部门或学校及教师自行组织的，以教育评价理论为指导，以教师评价制度为依据，确定评价标准，运用某种具体的方法收集处理评价信息，对教师的素质、工作过程、工作效果进行价值判断的过程。⑧

国外学者也从不同角度对教师评价进行了界定，主要有：

（1）教师评价是对教师的表现及其资格（包括界定的教师专业角色和学区使命）进行系统性的评价。

（2）教师评价是根据教师对学生提供指导的能力对教师进行评价的过程。⑨

---

① 顾明远.中国教育大百科全书（第二卷）[M].上海：上海教育出版社，2012.

② 陶西平.教育评价辞典[M].北京：北京师范大学出版社，1998.

③ 陈玉琨.教育评价学[M].北京：人民教育出版社，1999.

④ 王汉澜.教育评价学[M].开封：河南大学出版社，1995.

⑤ 朱益明.中小学教师素质及其评价[M].南宁：广西教育出版社，2000.

⑥ 转引自蔡永红，林崇德，陈学锋.学生评价教师绩效的结构验证性因素分析[J].心理学报，2003（3）：362−369.

⑦ 胡中锋.教育评价学（第二版）[M].北京：中国人民大学出版社，2013.

⑧ 芦咏莉，申继亮.教师评价[M].北京：北京师范大学出版社，2012.

⑨ Stronge J H, Tucker P D, Hindman J L. Handbook for qualities of effective teachers [M].Alexandria Virginia：ASCD, 2004.

（3）教师评价是通过对教师的行为与能力进行全面的判断，以决定人员的聘任和继续任用的一种组织能力。[①]

（4）教师评价是对教师表现的系统化评价。[②]

（5）教师评价是针对教师进行的评价程序，包括由多个人完成的多种评价形式，用以决定教师和教育项目的效能。[③]

我们可以发现，国内外学者对教师评价的界定各有侧重，但也在一个方面达成了一致，即教师评价是依据一定的标准，对教师进行的一种价值判断。基于此，本书中的教师评价是指依据教育培养目标，立足教师根本任务，运用一定的教育测量方法对教师的素质和能力等内容进行价值判断和评价反馈，最终以改进教师的教育教学，促进教师成长的过程。

（二）教师评价机制

首先，通过梳理关于"机制"定义的研究发现，研究者经常将机制与制度、体制一起比较与探析，且研究者多援引中外权威词典中对机制的定义。《辞海》（第7版）对机制的释义有三个层面：第一层意思是"指用机器制造的"；第二层意思是"指有机体的构造、功能和相互关系"[④]；第三层意思与《现代汉语词典》（第7版）中的定义一致，即"指一个工作系统的组织或部分之间相互作用的过程和方式"[⑤]。"机制"对应的英文是 mechanism。《牛津高阶英汉双解词典》（第9版）对机制的解释也有两层：第一层意思是"达成某事物的方法或系统"；第二层意思是"共同运行特定功能的部件系统"[⑥]。基于以上定义，有学者提出机制的定义应该包含四个要素：一是事物变化的内在原因及其规律，二是外部因素的作用方式，三是外部因素对事物变化的影响，四是事物变化的表现形态。[⑦]

---

① Nolan J F, Hoover L A . Teacher supervision and evaluation: Theory into practice [J]. Clinical Chemistry, 1971（8）: 696−700.

② Morelock M L. Investigating promising practice of teacher evaluation in two California charter schools [D]. Los Angeles CA: University of Southern California, 2008.

③ Bullock D. Assessing teachers: A mixed-method case study of comprehensive teacher evaluation [D].Phoenix AZ: Arizona State University, 2013.

④ 陈至立.辞海（第7版）[M].上海：上海辞书出版社，2019.

⑤ 中国社会科学院语言研究所词典编辑室.现代汉语词典（第7版）[M].北京：商务印书馆，2019.

⑥ ［美］霍恩比.牛津高阶英汉双解词典（第9版）[M].李旭颖，等译.北京：商务印书馆，2019.

⑦ 孔伟艳.制度、体制、机制辨析[J].重庆社会科学，2010（2）: 96−98.

由此可知，本书中的教师评价机制是指一种评价方式与过程，它包含了教师评价系统中的评价理念、评价主体、评价对象、评价内容、评价标准、评价方法以及评价反馈等各内部要素与评价外部要素的相互作用，以及在评价实施过程中客观反映评价系统运行变化的规律，决定评价行为有效性程度各要素的相互影响等。

我们可以发现，目前无论是对教师评价，还是对教师评价机制，虽然学者们在某些方面有一些共识，但并没有特别清晰和统一的定义。梳理已有的研究发现，为数不多的研究也多为高等教育教师评价机制的研究，比如，有不少学者认为高校教师的评价机制包含评价目的、评价内容、评价方法和评价主体等。

我们认为仅从教师评价机制研究的侧重点而言，基本符合对教师价值观判断以及机制内涵的四个要素，并且研究内容中涵盖了评价理念、评价指标体系、评价内容、评价方法、评价主体、评价具体实施、评价反馈及其相互作用。因此，在不同的评价类型中，各评价要素之间的互动与相互作用是评价机制的基础。

二、教师评价机制的范式演变

进一步而言，从运作机制上看，教师评价可以依据不同标准分为三类：第一类是以教师评价发展演变为依据，主要分为奖惩性评价、发展性评价和表现性评价；第二类是以评价作用为依据，主要分为诊断性评价、形成性评价（过程性评价）和终结性评价；第三类是以在教师职业发展阶段功能为依据，主要分为教师胜任力评价、教师绩效评价和教师有效性评价。三者之间既有区别也相互联系，其中教师绩效评价是教师胜任力评价的效标，教师有效性评价是教师绩效评价的效标。也就是说，教师有效性评价是教师研究的终极效标，而教师绩效评价则是中间效标。[①] 各种评价的分类维度不同，但内容上却是有交叉的。接下来，笔者将围绕教师评价机制的发展演变展开论述。

（一）20 世纪初至 20 世纪 80 年代中期：绩效性教师评价机制

对教师的绩效评价通常以教师评价的方式进行。虽然自从有教师以来，教师就一直接受来自学生、学生家长和社会等方面的评价，但正式的教师评价则到 20 世纪初才出现。[②] 绩效管理型教师评价制度又称"行政管理型教师评价制

---

① 蔡永红. 对教师绩效评估研究的回顾与反思 [J]. 高等师范教育研究，2001（3）：73-76.
② 同①。

度"或"责任模式"。这种模式主要形成、发展和盛行于 20 世纪初至 20 世纪 80 年代中期，即教师评价的传统时期。它以加强绩效管理为目的，依据对教师工作的评价结果，作出晋级、增加奖金、解聘等决定，主要用于在职期教师的考核评价。

我国以往实施的多是以奖惩为目的、面向过去的奖惩性教师评价机制。奖惩性教师评价主要借鉴泰勒的"目标行为评价模式"，采取自上而下的方式，是用统一的标准评价所有教师，强调横向比较、划分等级和水平鉴定。这种终结性评价机制虽然有它产生和存在的历史背景，也起一定的积极作用，但也有其自身难以克服的缺陷。它对教师有激励作用，但容易忽视教师的专业发展，阻碍了素质教育的顺利推行与教师专业化。①

（二）20 世纪 80 年代中期以后：发展性教师评价机制

发展性评价是近年来教师评价的研究热点。以"发展性教师评价"为主题，在中国知网进行检索，到 2019 年 3 月的文献数为 2 332 篇（其中，博硕士论文 805 篇，核心期刊 453 篇）。从文献中可以发现，20 世纪 80 年代中期，发展性教师评价制度首先出现在英、美、日等国家。作为一种"专业发展性教师评价制度"，它于 20 世纪 90 年代中期在我国部分地区和学校推行和实施。

发展性教师评价理念突出强调评价与奖惩的脱钩，更关注教师的专业发展②，并具有评价内容的全面性、评价组织的主体性、评价方法的多样性等特点。在内容上，发展性教师评价摒弃了传统教师评价的弊端，从教师专业态度和情感、专业信念、专业知能、专业发展的意识和能力、专业服务精神等方面来推动教师的专业发展。③在主体上，发展性教师评价认为"教师应该是自身评价的参与者，教师的个性与差异应该得到尊重，教师评价应该是一个持续的动态过程而不是终结行为"。④发展性教师评价收集信息的主要渠道有：（1）评价对象的进修课程和成绩；（2）评价对象的教学工作总结；（3）评价对象的政治工作总结；（4）学生评价；（5）学生笔记的情况；（6）学生平时测试和考试成绩；（7）学生纪律；（8）同事评价；（9）学校领导与其他领导评价；（10）家长评价；（11）课堂

① 李尚明.教师评价中奖惩性评价与发展性评价的整合［J］.教学与管理,2007（7）:26-27.
② 张睿锟.高中教师发展性评价理念研究［J］.教学与管理,2010（6）:35-36.
③ 司福亭.论发展性教师评价与教师专业发展［J］.教育理论与实践,2009（24）:37-39.
④ 陈宗彬.发展性教师评价制度的基本理念及其实践［J］.教育与职业,2009（8）:51-53.

听课的记录。[①]

20世纪80年代后期，为了改变教师评价不力的现状，加强对教育教学工作的管理力度，英国政府不断对教师评价制度进行改革，积极探索更加优化的评价制度，以期提高教师的教育教学质量。在改革中提出了三种比较典型的评价制度："发展性教师评价制度""PRP国家评价体系（Performance Related Pay，简称PRP）""绩效管理评价制度"[②]。其中，PRP国家评价体系将薪金与绩效挂钩，实现两个功能：一个是按照量化指标决定教师的薪水；一个是促进教师个人职业的发展。[③]

（三）近二三十年以来：表现性教师评价机制

在最近的二三十年中，越来越多的美国州内、跨州教师行业组织和专门的评价机构开发出新的学生表现性评价和教师表现性评价体系，在各州教师专业发展和学生学业水平提升过程中起到积极的推动作用。据悉，美国在教师专业发展的各个阶段（包括职前教育阶段、职初期阶段、经验期阶段等）都已经开始应用表现性评价的评价方式。教师表现性评价是指通过教师的课堂教学或教学任务完成的表现，结合外部对教师的结构性访谈结果、教师撰写的教学日志、档案袋等形式进行考察，聚焦教师解决教学问题的能力，并以此来预测教师未来的教学表现。[④]

教师表现性评价的特征主要包括以下几点。（1）评价内容多为教师专业活动，在一定程度上模拟真实性情境任务。（2）评价规则没有标准答案，按照评价内容开发的目标制定评分规则。（3）评价主体多元化构成，教师可以自评、互评、他评。自评强调教师的自我反思，互评和他评是通过教师同伴和外部专家为教师构建更广泛的反思资源，进而促进教师个人反思品质和实践性知识发展。（4）教师表现性评价与教师专业学习、专业研修活动一体化。评价内容是教师专业学习和

① 庄瑶.基于发展性评价的中小学教师评价数据的收集研究[J].教育现代化，2018（52）：352-356.

② 王凯.20世纪80年代以来英国基础教育教师评价制度改革探究[D].长春：东北师范大学，2006.

③ 王小飞.英国教师评价制度的新进展——兼PRP体系计划述评[J].比较教育研究，2002（3）：43-47.

④ 符杰普.我国中小学教师评价研究的现状与展望——基于中国知网数据的分析[J].教育参考，2020（4）：5.

研修的主要任务,评价结果反馈的描述性信息为教师下一阶段专业成长提供有用的建议,教师个人应该是表现性评价与反思过程中最重要的主体。[①]

美国斯坦福评估、学习和公平中心(Stanford Center for Assessment, Learning and Equity,简称 SCALE)在长达 25 年的基于指向深度学习的学生表现性评价和实践标准的教师表现性评价等领域的研究中,开发了一套教师表现性评估体系,由三大核心任务构成:教学计划(planning)、教学指导(instruction)以及学生学习评价(assessment of student learning)。其中,三大核心任务又细化为 15 个指标,采用 5 点式评分方法对 15 个指标进行评分。

表 1–1 edTPA 任务和指标[②]

任务 1 教学计划	任务 2 教学指导	任务 3 学生学习评价
P01 教案内容理解	I06 创建积极的学习环境	A11 通过学生测试分析学生学习情况
P02 教学计划支持学生多样化学习需求	I07 在教学活动中能够吸引学生	A12 提供反馈,指导学生学习
P03 利用学生已有知识计划和实施教学	I08 深化学生的学习	A13 指导学生使用评价反馈
P04 确定和支持学生需求	I09 合理有效地采用特定的学科教学法	A14 分析学生的学习内容
P05 制定学生评价,以监督和支持学生的学习情况	I10 分析教学有效性	A15 运用评价数据指导后续的教学计划

参加评价的教师需要按照评价要求,提交真实的评价证据,包括教案、教学材料、学生作业和评估、对学生作业的反馈以及未经编辑的教学录像。通过评分,教师本人可以清晰地认识到自身的优势和存在的不足。同时,该项目必须在评分后给出反馈意见,帮助教师能够有针对性地进行教学反思,调整自身的教学思维和教学行为,进而实现可持续性的专业发展。[③]

① 周文叶.开展基于表现性评价的教师研修[J].全球教育展望,2014(1):50-57.
② SCALE.2013 edTPA field test: Summary report [EB/OL].(2013-11-08)[2021-05-27]. http://docplayer.net/18552858-2013edtpa-filed-test-summary-report-november-2013.html.
③ 郭培凤.美国教师候选人表现性评价研究——以 edTPA 项目为例[D].上海:上海师范大学,2017.

三、教育评价机制的系统演变

随着教育评价机制从绩效型向发展型、表现型范式的转换，教师评价理念、评价内容、评价主体、评价技术与方法、评价反馈也在发生系统性变化。接下来，笔者将详细阐述学术界、教育界对教师评价机制的系统认知历程。

（一）评价理念的演变

评价理念在教师考核评价的构建与实施中起着重要的作用，左右着管理者的思想动向，影响着考核评价目标、内容与方法的设定，直接关系到考核评价的质量，牵动着每一位教师工作与个人发展的轨迹，并最终作用于学生，反映在教育的整体质量水平上。从整体上看，教师评价的理念源自两大功能：一方面是偏向职业取向的甄别与选拔功能；另一方面是偏向专业取向的促进教师发展功能。甄别与选拔是通过鉴别和评定教师各方面的工作质量和水平，为学校对其进行奖惩、晋升职称以及是否聘任提供依据。促进教师发展的功能是"通过评价发现教师在具体的教育教学工作中的优缺点，进而相互交流，促进其改进教学，提高教育教学质量"①。教师评价的理念大致可以归纳为这两种功能，而且评价理念正逐步从"职业取向"向"专业取向"转变，从"硬性指标"向"软性文化"转变。

1. 基于甄别与选拔功能的教师评价理念

以教师队伍建设为目标，注重管理的效率。该理念下的教师评价主要由教育主管部门或学校管理者就教师的工作表现开展，例如，新加坡中学采取的是"强制排序法"的绩效评价系统，即把每一位教师的绩效与其他教师进行比较，然后对他们的绩效加以排序，从第一名排到最后一名，同时按一定比例把教师分为A、B、C、D、E五个等级，其中A等级占教师总人数的5.0%，D、E等级占教师总人数的5.0%。新加坡的绩效评价数据为学校对教师的聘任、晋升、分红、表现认可等管理决策提供了依据。

2. 基于促进教师发展功能的教师评价理念

该理念以教师为核心，充分发挥教师的自主性，以教师个体发展为导向，注重教师的个人价值。评价目标要由评价者和教师协商制定，双方认同，把实现教

---

① 张华龙，刘新华.中小学教师评价研究的梳理与反思［J］.现代教育科学·普教研究，2010（2）：125-128.

师个体发展目标和实施评价看作双方的共同职责。^①同时，该理念指明教师评价要符合教学的实际情况，关注教师的个体差异，以提高学生学业成绩为目标，注重教师教学技能的改进。例如，美国得克萨斯州教师评价系统的目的是改善计划、教学、学习环境、专业实践和责任，使每一位教师的教学技能得到改进，从而提高学生的学业成绩。

3. 教师评价理念从"职业取向"逐步走向"专业取向"

在教师专业发展的过程中，人们对教师的工作价值与期望有两种不同的取向。一种是"职业取向"下的教师评价，其更多的是注重教师职业岗位的基本要求或规范，评价的过程本身就是检验教师工作行为是否达到职业要求及其达到的程度如何。这种评价一般都有统一的评价标准，评价结果也常常作为教师考核、聘任、奖惩等的重要依据。^②

另一种是"专业取向"下的教师评价，其更多地关注教师作为专业人员在各自教育教学实践中的改进与发展状况。评价的过程是帮助教师诊断自身问题—分析问题原因—提出改进建议，这种评价往往无法设定统一的标准，评价标准通常因时、因人、因事而异，评价结果主要用来促进和激励教师个体或群体的专业发展。"专业取向"下的教师评价的实现方式主要特点有：（1）科学定位评价目的是前提，促进教师专业主体的能动性、自主性专业成长；（2）量身定制评价标准是关键，更强的专业发展指向性，可以在横向和纵向两个维度实现量身定制式评价标准；（3）自我评价是重要评价手段；（4）合理使用评价结果是保障，教师可用于改进教育教学，学校可用于提升师资队伍专业水平。^③

4. 教师评价从"硬性指标"逐步向"软性文化"探索

自20世纪90年代以来，社会发展表现出逐渐从追求物质性的硬性制度结构走向追求价值、意义、符号、文化的软性组织趋势。^④随着社会的发展，为了探索突破性解决社会难题的方法，学术研究开始聚焦于信任文化。信任是一种指向未

---

① 王凯，张文华.英国基础教育教师评价制度改革评鉴[J].外国教育研究，2006（12）：68-72.
② 符杰普.我国中小学教师评价研究的现状与展望——基于中国知网数据的分析[J].教育参考，2020（4）：5.
③ 张红霞.新课改背景下教师评价的价值转向与实现方式[J].现代中小学教育，2018（1）：75-78.
④ ［波兰］彼得·什托姆普卡.信任：一种社会学理论[M].程胜利，译.北京：中华书局，2005.

来的社会行为模型，是社会成员共同生存的基础。① 不同学者从社会学、心理学、文化论、资本论、组织管理等方面对信任展开了多方面研究。

社会学视角以波兰学者什托姆普卡（Piotr Sztompka）为代表，他在《信任：一种社会学理论》一书中，对信任的社会学理论研究背景、概念、种类、基础、功能、信任文化以及信任与社会变迁等方面都作出非常详尽的阐述。② 他从多个维度论述了"教师""大学教授"等在信任文化形成中作为信任给予者与被信任者的互动关系。研究表明，这类社会角色应该有着高度信任感，并且对信任文化的形成入口起着重要的作用。③

心理学视角将信任视为"发生于人与人之间的事件中所拥有的一种期待"④。社会心理学家往往采用实验法和测量法等多种研究方法，从认知、人格、态度、动机、人际关系等个人的心理事件入手，解释信任的发生机制⑤。有学者从认知和情感两个维度将信任划分为认知信任和情感信任。认知信任是基于对他人的可信程度的理性考察而产生的信任，情感信任则是基于强烈的情感联系而产生的信任。⑥探寻人的认知信任和情感信任发生及功能，对促进个人与他人间的人际关系以及帮助组织优化管理有积极作用，而教师评价作为一种组织管理的方式，同样需要考虑教师信任的心理发生机制。

文化视角经常与社会资本结合，将信任视为一种建立在习俗、传统和宗教基础上的文化，用以解释不同国家的社会发展状态，尤其是经济繁荣的水平。⑦ 经济繁荣与信任文化是互相影响、互相依存的关系。由此迁移到教师评价领域，这种

---

① 石艳."共同生存"何以可能？——教育场域中信任问题的社会学审思［J］.华东师范大学学报（教育科学版），2007（2）：14-20.

② ［波兰］彼得·什托姆普卡.信任：一种社会学理论［M］.程胜利，译.北京：中华书局，2005.

③ Jones S A, Giddens D P. A simulation to study the effect of device parameters on optimal Doppler spectral analysis methods ［C］// Proceedings of the twelfth annual international conference of the IEEE engineering in medicine and biology society. New York: Institute of Electrical and Electronics Engineers, 1990.

④ ［美］罗德里克·M.克雷默，汤姆·R.泰勒.组织中的信任［M］.管兵，等译.北京：中国城市出版社，2003.

⑤ 朱虹.信任：心理、社会与文化的三重视角［J］.社会科学，2009（11）：64-70，189.

⑥ Lewis J D, Weigert A J. Social atomism, holism, and trust ［J］. The Sociological Quarterly, 1985（4）：455-471.

⑦ 同⑤。

信任文化与教师评价效率效果上的相互促进作用值得关注。

因此，教师作为有主观能动性的个体，其专业发展过程具有高度的主体性，而这种主体性的两个突出体现就是教师个体专业发展的选择和专业行为的改变。教师评价的目的是为教师的专业成长、自主发展提供切实的帮助。世界各国也都把专业信任作为教师评价的重要内容，如英、美两国的教师评价逐步形成了尊重教师的自主成长、遵循教师的专业成长规律以及给予教师平等交流的机会等专业信任理念。[①]

（二）评价内容的演变

1. 指向教师绩效管理的评价内容

我国绩效评价大多从德、勤、能、绩四方面或者工作表现、基本素质、工作绩效三方面评价教师，评价内涵和本质基本一致，即主要包括教师评价的根本要求、方法原则、内容功能、指标体系、本质意义和组织实施等方面。[②]

"德"主要指教师对学生的人格、道德等的影响力和教育，可以依据学生对教师的评价和教师的行为来进行测评。"勤"主要指工作量、工作出勤、科目数量、班主任津贴、超课时等表现。"绩"主要指工作业绩和教学成果，包括完成教学工作的情况、教学质量、学生成绩、教学效果等。"能"则主要是依据教师的科研成果和论文发表、教育教学能力、优秀教育教学成果等来鉴定。[③]还有学者提出了其他评价指标，如专业基础知识、学历、职称、上课氛围、工龄、继续教育等。[④]

当前，国内研究在讨论教师绩效评价时，往往关注教师的工作质量和工作数量。工作质量多与教育教学业绩挂钩，主要指学生德、智、体、美、劳等方面的学习成就与发展水平，如学生在各学科中的考试成绩、在原有能力水平上的提高情况、升学情况、获奖情况、社会评价等；还包括为促进学生学习，教师所表现出的教育教学水平、科研成果、评比获奖等。工作数量多是偏量化的"规定动作"，主要包括教师的教学工作量（如周课时数、备课、上课、作业批改、辅导学生、参加教研活动

① 贾汇亮.英美两国教师评价的理念及启示[J].教育理论与实践，2010（10）：65-68.
② 熊英.基础教育阶段教师评价：现状、问题及对策[J].教育理论与实践，2017（36）：40-42.
③ 符杰普.我国中小学教师评价研究的现状与展望——基于中国知网数据的分析[J].教育参考，2020（4）：5.
④ 赵宏斌，惠祥凤，傅乘波.我国义务教育教师绩效工资实施的现状研究——基于对25个省77个县279所学校的调查[J].教育理论与实践，2011（28）：24-27.

等）、职务工作量（兼班主任、年级组长等学校职务）、德育工作量、科研工作量、实践活动工作量等。从总体上看，国内学者在讨论教师绩效评价时，虽然涉及教师行为的评价，但主要是从教师工作结果的维度进行规划和论述，尚未涉及对于教师关系绩效（如教师工作的主动性、工作中的合作、对工作的反思）的评价。①

国内学者结合有效教学和教师素质结构理论的相关研究，基于文献研究和关键事件调查与访谈，通过定性分析和实证研究，提出了教师绩效评价结构理论。研究认为，教师绩效包含六个维度：职业道德（对职业准则与规范的遵从，对学校目标和自己的工作目标的认同、维护与支持，对教育事业的热爱，对工作的热情和责任感等方面的行为）；职务奉献（不断地反思教育教学工作，总结工作经验，关爱每一个学生并适应时代不断完善自己等方面的行为）；助人合作（主动地帮助同事，表现出良好的协作精神，与家长建立良好的合作关系，真诚待人等方面的行为）；教学效能（教师在计划、组织与表达教学内容等方面的行为）；教学价值（教师通过自己的教学，使学生在各方面发生了积极的变化）；师生互动（教师与学生在课堂内外的交往与互动行为）。②

2. 指向教师专业发展的评价内容

美国教师评价指标强调的是综合取向，英国教师评价指标强调的是金字塔层级式，日本教师评价指标强调的是能力导向。三国教师评价指标均与本国学生核心素养密切结合，关注教师能力和学生学习之间的适切性以及教师教学行为与学生学业成就间的相关性。2012 年 2 月，我国教育部颁布了《幼儿园教师专业标准（试行）》《小学教师专业标准（试行）》和《中学教师专业标准（试行）》（以下简称《专业标准》），从国家高度提出了合格教师的基本专业要求和基本教育教学规范。它既是引领教师专业发展的基本准则，又是教师培养、准入、培训、考核等工作的重要依据。③与美、英、日等国不同，我国的《专业标准》先于学生核心素养而出现。从这个角度来看，我国教师专业标准还未能在学生核心素养培养的落实上提供有力的支持与保障，指向学生核心素养培养的教师专业发展内容有待于进一步

---

① 董银银，姬会会. 再论教师绩效评价——基于国内教师绩效评价研究与实践的思考[J]. 现代教育论丛，2008（7）：52-56.

② 蔡永红，林崇德. 教师绩效评价的理论与实践[J]. 教师教育研究，2005（1）：36-41.

③ 张红霞. 核心素养视阈下美、英、日中小学教师评价指标的分析及启示[J]. 当代教育论坛，2018（2）：23-32.

在教师评价中得以凸显。

（三）评价主体的演变

教师评价的主体一直以来以"他评"为主，而评价主体的差异性使得评价方式和结果有所不同。教师绩效评价的主体应为学校管理者、同事、学生以及教师，甚至可以是第三方专业评价机构。一般认为，学校管理者对教师进行评价是要考核教师能在多大程度上完成工作要求，主要是考核教师的外在行为表现。同行评价不仅在教师的形成性评价中具有很大的作用，而且在创造学校浓厚的学术氛围与专业发展气氛上也有很大的潜在价值。[①] 学生对教师教学的评价具有多方面的作用与优势，但由于中小学生受其认识水平的限制和部分学生不负责任地随意打分，学生评价容易出现偏差。[②] 学生对教师的评价应更多地用于形成性评价，其评价结果不宜与奖惩挂钩。

教师自我评价是教师凭借专业感受性发现教育教学问题、寻求自身专业发展变化、提升教育教学质量的重要手段。"教师成长和发展的第一步，就在于教师自身的反思、教师自身的评价和教师自身的自我改造。"[③] 教师自我评价质量影响着教师专业发展质量与人才培养质量。[④] 教师个人对评价的基本需求是出自对自身专业发展的促进，评价应使教师发现教育教学中的不足，以使教师改进教学，提高教学质量，这时教师就是重要的评价主体，因为教师最了解自己的教育观念和内在需求。因此，在对教师教学进行评价活动时，要根据不同的评价目的，选择合理的评价主体，并将经济、效率等因素考虑在内，力求评价的最优化。[⑤] 国际上，被誉为"美国力量象征"的英特尔首先提出并加以实施的 360 度评估理论（也称为多源评估或多评价者评估）具有参考价值。学校可以在专家评价的基础上，进行教师自我评价，综合考虑专家评价、同行评价、领导评价、学生评价和家长评价

---

① 欧本谷，刘俊菊 . 多元教师评价主体分析 [J] . 重庆大学学报（社会科学版），2004（2）：127-130.

② 黄晓华，梁晓丽 . 当前教师评价中存在问题及对策 [J] . 教学与管理，2003（30）：24-25.

③ 转引自叶澜，白益民，王枬 . 世纪之交中国基础教育改革研究丛书：教师角色与教师发展新探 [M] . 北京：教育科学出版社，2001.

④ 张志泉，李银玲，蔡晨云 . 中小学教师自我评价探析 [J] . 当代教育科学，2015（18）：7-10.

⑤ 于晓琴，张家军 . 中小学教师教学评价主体及其体系建构探讨 [J] . 绵阳师范学院学报，2010（7）：129-131.

等各方情况。[1]同时，还可以考虑采用第三方专业评价机构，如澳大利亚的教师评价除了教育体系内各类主体的评价外，还要接受各州诸如教师注册协会这类第三方机构的评价。

（四）评价技术与方法的演变

王斌华在《教师评价：绩效管理与专业发展》一书中较为全面地介绍了教师评价的几种方法：绩效考评法[2]、末尾淘汰制[3]、增值评价法[4]、教学档案袋[5]、课堂听课评价法[6]、微格教学评价法[7]、校长—同事评价法[8]、自我评价法等。

国际前沿的教师评价已经逐渐从对教师的主观性和感受性的评价（问卷调查）转为更加客观的基于教师行为的评价（课堂观察、视频研究）。在方法上，更加重视多来源数据采集；在结果分析上，实现多方互证和多因素分析，尤其是对教师专业能力与学生学习结果和学校支持进行关联；重视趋势研判，为政策设计提供前瞻性数据。[9]教师评价框架和模块相对稳定，评价频次间隔周期较长（5—6年 / 次），有助于减轻教师评价的工作负担以及提升科学性和可追踪性。[10]

由此看来，评价可以被视为一种基于原始信息，选择和收集信息，并对收集到的信息进行加工与展现，进而形成价值判断的过程。同时，对信息的反思、交流、反馈贯穿整个评价过程。教学过程所呈现的信息极为丰富。面对庞杂的教学材料，电子档案袋评价是依托现代网络信息技术而对教育教学过程进行真实性评价，关注评价发展性、反思性功能的一种有效的质性评价方式。[11]

[1] 刘范美 . 中小学教师专业发展评价现状与对策探析——基于广东省粤北地区的调查[J]. 教育理论与实践，2019（2）：34-36.

[2] 王斌华 . 教师评价：绩效考评法[J]. 全球教育展望，2005（5）：47-51+80.

[3] 王斌华 . 教师评价：末尾淘汰制述评[J]. 全球教育展望，2004（12）：62-66.

[4] 王斌华 . 教师评价：增值评价法[J]. 教育理论与实践，2005（23）：22-25.

[5] 王斌华 . 教师评价模式：教学档案袋[J]. 教育理论与实践，2004（13）：24-28.

[6] 王斌华 . 课堂听课评价法[J]. 当代教育论坛，2005（2）：38-42.

[7] 王斌华 . 教师评价模式：微格教学评价法[J]. 全球教育展望，2004（9）：43-47.

[8] 王斌华 . 一种有效的教师评价模式——校长—同事评价法简介[J]. 当代教育科学，2003（10）：40-42.

[9] 符杰普 . 我国中小学教师评价研究的现状与展望——基于中国知网数据的分析[J]. 教育参考，2020（4）：5.

[10] 经济合作与发展组织 . 为了更好的学习：教育评价的国际新视野[M]. 窦卫霖，等译 . 上海：上海教育出版社，2019.

[11] 谢安邦，李晓 . 电子档案袋在教师评价中的应用[J]. 全球教育展望，2005（11）：76-80.

（五）评价反馈的演变

教师评价和反馈（评价结果运用）是教师专业发展的重要内容，一直在国际教师测评中占有较大权重。评价和反馈的目的是为教师提供有价值的信息，帮助他们更好地认识和提高教育教学专业实践。换句话说，评价要落到实处，最终要体现在教育教学质量提升和教师个体专业发展上。加强评价结果的影响力也是促进形成基于实证依据作出科学教育决策的重要体现之一。[①]

教师评价结果反馈的目的有三个：首先是作为教师评优和职务晋升、发放绩效的依据；其次是指导教师改进教学工作；最后是鞭策和激励作用，如对不合格教师实行末位淘汰制，对评价中排位靠后的教师，学校领导会找他"个别谈话"。评价实施后，对教师的评价有正式和非正式的反馈。教师评价的反馈主要包括：（1）向学校领导反馈学校教师评价的整体情况，为教师在职进修培训提供依据；（2）召开教师大会，公开进行整体反馈，使全体教师了解本校教师评价情况，明确下一步共同努力的方向；（3）进行个体反馈，如每位教师的定量、定性评价结果，在教育教学方面哪些做得比较好、比较成功，哪些方面需要进一步改进与完善，以利于教师专业发展的后续自我调整与自我提升。[②]

从评价反馈的作用上看，美国北卡罗来纳州、得克萨斯州、马萨诸塞州、佐治亚州等通过全方位的评价揭示教师的工作状态和发展潜能，为教师的专业成长提供客观、连续、详细的反馈信息。教师依照自身不同的问题制订相应的专业发展计划，以促进教师专业成长。

四、评价机制历史沿革的启示

（一）更新和落实先进的评价理念

新课程改革倡导的评价理念是"立足过程，促进发展"。[③] 评价的目的不仅是利于奖惩，更重要的是促进发展。因此，面对"核心素养"背景下的课程改革对教师提出的要求，我们要更多地关注评价对教师的激励和导向功能，而非评价的奖

---

① 经济合作与发展组织. 为了更好的学习：教育评价的国际新视野［M］. 窦卫霖，等译. 上海：上海教育出版社，2019.

② 刘范美. 中小学教师专业发展评价现状与对策探析——基于广东省粤北地区的调查［J］. 教育理论与实践，2019（2）：34-36.

③ 杨芳. 新课改理念下的中小学教师评价改革趋向［J］. 教育理论与实践，2005（6）：26-27.

惩性功能。①

同时，也要借鉴国际测评中关于教师评价的理念。第一，教师评价要体现教师职业专业化特征和教师工作的教学属性。第二，教师评价要与当下的教育形势和教育政策热点相关联。除了关注教师队伍持续发展的稳定评价指标外，还应及时增设教师在信息化环境下教学创新、应对国际化和关注培养学生全球胜任力教学能力的评价模块。第三，要系统考虑和综合设计对教师的评价，学校支持、校长领导力、学校文化等都应该纳入评价范围。第四，关注教师非认知技能，尤其是职业道德的评价，如教师的情感教学、教师教育教学信念、职业理解、专业认同和职业健康等。

（二）完善评价内容，分层设置，明晰指标

根据教师专业发展阶段不同教师和学校岗位的不同特点对评价内容进行区分。根据教师专业发展程度可分为新手教师、骨干教师、专家型教师和名师四个层级。教师评价要意识到教师所处的不同专业发展阶段，将每一位教师现有的水平表现以及下阶段的发展需要纳入考虑范畴，尝试建立有层次的教师评价制度，充分尊重教师发展的个体差异。② 将不同成长阶段的教师群体（合格教师、骨干教师、专家型教师、首席教师）作以划分，形成若干个相对独立的"评价域"，不同梯度和层次的标准对照相应发展阶段的教师，这种区分可以促进教师学有所长，教有特色。教师对照评价条件找到自身定位，明确未来努力的目标和方向，以此来引领自己的专业发展。③

在评价新手教师上，引导其立足教育教学，专注于熟悉专业知识，夯实教育教学基本功，深入研究课程、研究学生、研究教学，迅速适应教师的角色；在评价骨干教师上，促使其形成属于自己的教学风格，提高学校教学质量，推进教育教学科研项目，并能引领新手教师的专业发展；在评价精熟教师上，其评价目的在于激励其在完成教育教学任务的同时，积极探索教育教学一般规律，并协助学校做好学科内教科研计划，引领骨干教师成长；在评价专家型教师上，其评价的目

---

① 张华龙，刘新华. 中小学教师评价研究的梳理与反思［J］. 现代教育科学·普教研究，2010（1）：125-128.

② 张文华. 中小学教师专业发展评价存在的问题及改进策略［J］. 教学与管理，2011（27）：41-42.

③ 鲁文晓. 中小学教师专业发展评价体系的研究与探索［J］. 成人教育，2013（3）：116-117.

的在于使其完成规定教育教学工作量的同时,加强校内外学术交流,引领学校的教科研水平不断向高层次发展。①

从学校工作性质上划分,学校岗位可分为教师岗位、管理岗位和服务岗位。根据不同岗位的特点,实行分类考核。②研制清晰合理的教师评价标准,制定可测量的指标,并在制定过程中邀请教师直接参与。教师评价的对象是全体教师,全校教师共同参与讨论和制定教师评价标准。此外,统一标准要与个性化标准相结合。不同发展阶段、不同学科的教师可以有不同的具体要求。

在进行教师评价时,除了传统的评价内容外,还可以增加一些特殊的评价内容。例如:在提供优质教育服务的过程中,责任意识和服务意识是评价教师的重要指标;在学校面向市场寻求生存与发展时,教师评价中也应该体现出教师的质量意识和效益意识。③此外,还应把教师的风格与特色作为一个重要评价指标并赋予较大权重,因为保持和突出人的个性是激发教师创新思维与教学热情的基础,更是培养学生创造力和健全人格的前提。④在学生发展核心素养的指导下,教师评价在关注评价教师的教学方面的同时,也要关注教师的思想政治、公民素养、职业道德、心理品质、团队精神等方面的内容。

(三)发挥多元主体的责任,提高相关评价者自身的评价能力

完善教师反思性自我评价机制的设想和建议:一是学校应实施人本管理和领导带头自评,以巩固教师的评价主体地位;二是创设和谐自评环境和提供专业培训指导,以保障教师自评的信度;三是增强反思效能感和建立反思管理制度,以培养教师的反思习惯。同时,有必要拓宽教师自我评价的视野,规范教师自我评价的方法,比如,制定有明确评价标准的自我评定表,写出形式不拘的自评报告,以观摩教学所获依据作为鉴定自身教学的标准,课后分析自己的教学录音和录像等。⑤

基于对不同评价主体优缺点的认识,理论界倡导建立以教师自我评价为主,

① 张文华.中小学教师专业发展评价存在的问题及改进策略[J].教学与管理,2011(27):41-42.
② 范先佐,付卫东.义务教育教师绩效工资改革:背景、成效、问题与对策——基于对中部4省32县(市)的调查[J].华中师范大学学报(人文社会科学版),2011(6):128-137.
③ 王丽,谢念湘.中学教师评价的现状及其策略研究[J].西部素质教育,2019(1):108-109.
④ 唐胜宏.改革中小学教师评价制度的新举措[J].柳州师专学报,2007(3):130-132.
⑤ 欧本谷,刘俊菊.多元教师评价主体分析[J].重庆大学学报(社会科学版),2004(2):127-130.

学校领导、学生、教师、家长共同参与的多元评价主体，即把自我评价、同行评价、学生评价、家长评价、领导评价结合起来。[①] 把教师评价看作学校领导、同事、学生、家长与教师之间的双边活动，同时使被评教师从多渠道、多角度获得反馈信息，以利于更好地反思和改进教育教学工作。[②] 评价主体多元化并不排斥领导评价的权威性和最后鉴定权，同时又可以保证教师自评和同行他评的客观性、全面性、公正性、准确性。[③] 所以，建立以教师自评为主，学校领导、同事、家长、学生共同参与的教师评价制度，使评价成为教师本人、管理者、同事、学生乃至家长等多主体共同参与的交互活动，已成为当前教师评价改革的发展趋势。[④]

（四）丰富评价方式，坚持多维、分层、灵活和大数据取值

1. 统筹分模块评价方式

教师评价项目主要包括日常性教学常规评价、标志性教学成果评价、过程性教学跟踪评价、阶段性教学效果评价，评价方法也就有所不同。例如：针对日常性教学常规，采用"任务式"评价法；针对标志性教学成果，采用"项目式"评价法；针对过程性教学跟踪，采用"学分制"评价法；针对阶段性教学效果，采用"四制式"评价法等。

2. 平衡多元化评价方式

将终结性评价与形成性评价有机结合，提升教师主体地位。过分重视终结性评价结果，势必会使教师追求"任务绩效"，只关注眼前利益，追求短期目标，放弃教师专业发展的长期规划。在实践中，要将二者结合运用，不仅要看到评价在促进教师提高教育质量方面的工具性价值，还要认识到评价促进教师专业发展和个人成长的本体性价值。教师劳动复杂性的特点决定了对教师的评价必须把定量与定性两种评价方式结合起来。只有如此，才能多角度、全方位地反映出每位教师专业发展的真实水平。[⑤]

---

① 张华龙，刘新华.中小学教师评价研究的梳理与反思[J].现代教育科学·普教研究，2010（1）：125-128.

② 唐胜宏.改革中小学教师评价制度的新举措[J].柳州师专学报，2007（3）：130-132.

③ 滕万峰.对构建教师评价机制的思考[J].教育探索，2005（3）：123-124.

④ 赵德成.当前教师评价改革中的若干问题[J].中国教育学刊，2004（7）：48-51.

⑤ 刘范美.中小学教师专业发展评价现状与对策探析——基于广东省粤北地区的调查[J].教育理论与实践，2019（2）：34-36.

一方面，教学范畴的工作可以定量评价为主，把教学工作的各个环节进行拆解和全面量化，并在全面量化的基础上，根据教师专业发展的规律，设计类别化、层次化、差异化的评价制度，按一定的权重分配形成评价系统，同时辅以定性评价，给予教师更多的支持与关怀。另一方面，涉及育人范畴的工作应以定性评价为主。对于育人的评价没有量化指标，可以通过自我反思、课堂观察、表现记录和他人反馈等途径，对教师的教育能力、教育成效和师德表现等进行定性评价。其中，课堂观察是最为直观的方法，它可以为教师评价提供丰富的原始信息，如学生的课堂表现、课堂参与、师生互动、教师的教学智慧等。此外，还应充分地发挥增值性在教师评价中的积极作用，聚焦于学生与教师的发展与成长。

（五）重视反馈机制，加强评价反馈的及时性和持续化

教师评价的目的是更好地提高教师的专业发展水平，做到以评促改，以评促进，因而对于一项有效的评价，尤为重要的就是在过程中进行及时的反馈。学校应该依据评价结果对教师的教育教学进行诊断和指导，帮助教师改进工作、提高教育科研水平并形成良性循环，促进教师专业发展；提供更为详尽和专业的评价结论，关注教师对评价结果的反馈。[1]

值得注意的是，反馈是需要持续化的。在再次评价后，要把教师在前后两次或多次评价中的表现有针对性地进行比较反馈，以利于教师对自己的教育教学情况作纵向比较。这样，教师可以从"他人"的角度更客观地了解自己还存在哪些不足以及哪些不足之处已经改善，从而使教师能得到及时的鼓励与鞭策，专业发展水平不断提高。[2]

同时，根据 OECD 国家经验，需要提高教师参与教师评价制度设计的积极性，更广泛地征求教师的意见；为教师讲解教师评价的制度、工具和方法；培训教师评价者，提高他们收集证据的能力以及增强证据的科学性和客观性；平衡和考虑到不同利益相关者在评价过程中各自担任的角色和立场；增强反馈，加强评价结果与教师专业发展之间的关联度等。

---

[1] 侯定凯，万金雷.中小学教师评价现状的个案调查——从促进教师专业发展的角度[J].教师教育研究，2005（5）：49-53.

[2] 刘范美.中小学教师专业发展评价现状与对策探析——基于广东省粤北地区的调查[J].教育理论与实践，2019（2）：34-36.

（六）构建教师评价的信任文化，化解教师专业信任存在的诸多矛盾

1. 化解教师职业高信任与社会失范低信任之间的矛盾

由于教师的职业属性，从社会角色上应该是高信任的群体[①]。但是近年来，有不少关于教师失范事件的发生，少部分缺乏职业道德修养的人进入教师岗位，运用自己的"合法伤害权"制造"潜规则"[②]，引起了对教师信任的学术讨论。信任机制中这种少数的信任背叛事件，如果不能及时修复，就可能会发展成对教师群体的信任危机。

2. 化解教师专业高信任与入行时低专业性之间的矛盾

作为一种职业，教师与医生、律师等一样，有很高的专业性。随着义务教育的普及，一方面，大批的毕业生涌入教师岗位；另一方面，由于中师教育以及教师资格考试的改革，越来越多的非师范毕业生进入教师队伍。如果在教师入口专业性的把关上不能满足社会期待，也可能会产生信任危机。我国教师教育的目标长期偏重培养学科专家型教师，强调教师所教专业学科知识的纵深发展。[③] 教师所需的特殊性知识无法得到凸显，蒙蔽了教师专业的特殊性，也使得教师职业被替代的现象成为可能，出现岗位专业化与从职人员非专业化之间的矛盾。[④]

3. 化解教师专业高信任与外部评价低信任之间的矛盾

教师的职后培养聚焦教师的专业发展，教师专业性不断提高，但教师评价对教师专业性的促进作用不明显，没有形成正强化，教师本身受信任的感知不强。有研究者提倡达成一种共识，即"信任是学校共同体的生存基础，是教师赋权增能的基本条件"[⑤]。学校通过信任的创设，不断促进教师专业性。因为信任的本质是一种积极的期待，教育指向未来，其本质是为人类建立对未来社会延续发展的人力优势与人文基础的积极信赖。[⑥] 从这一意义上说，教师评价应该指向教师的未来，基于信任，评价应在新的理念、新的目标、新的措施上实现新的突破。

---

① ［波兰］彼得·什托姆普卡．信任：一种社会学理论［M］．程胜利，译．北京：中华书局，2005.
② 罗建河．教师的信任危机与教师专业化的进路［J］．教育科学研究，2009（3）：22-24.
③ 刘莎莎．教师专业化：现实与思考［D］．西安：陕西师范大学，2004.
④ 孙阳春．教师专业化：以何为基点［J］．教育发展研究，2003（1）：58-59.
⑤ 符太胜，严仲连．信任与信任危机：教师赋权增能的核心问题［J］．教育理论与实践，2014（25）：42-46.
⑥ 袁炳飞．学校教育信任及其建设原则［J］．现代中小学教育，2003（9）：4-6.

第二节　教师评价的意义和功能

一、教师评价的意义

教师评价已经得到世界各国的充分重视，它是教师队伍建设的根本风向标，是制定和实施教育政策的支撑，是提升教育效能的向导，是衡量教育质量的指标，是判断教师质量的标尺，是开展教育教学的规范，是职前职后考核的依据，是在职教师的底线和未来教师培养的基准。

（一）教师评价是教师队伍建设的根本风向标

教师评价伴随着教师的出现而产生，其作为教育的"指挥棒"，近年来备受我国广大教育工作者的关注。不难发现，在当前经济多元化、文化多样化的发展，社会价值观随之不断嬗变的背景下，我国教师队伍建设依然是教育改革需要关注的领域，特别是教师的业务素质、政治素养、师德修养都亟待加强与改善。有很多教师只把自己的工作作为一种职业来看待，这样其实就很容易让自己成为"经师"，而难以成为优秀的"人师"。[①]《中华人民共和国教育法》第三十五条规定："国家实行教师资格、职务、聘任制度，通过考核、奖励、培养和培训，提高教师素质，加强教师队伍建设。"《中华人民共和国教师法》明确规定要实行教师资格制度和教师聘任制度，以保证教师队伍的质量。2018 年 5 月 2 日，习近平总书记在北京大学师生座谈会上指出，"评价教师队伍素质的第一标准应该是师德师风"。习近平总书记指出，要把"政治素质过硬、业务能力精湛、育人水平高超"作为新时代加强教师队伍改革建设的根本要求与基本标准。[②]

国际上也非常重视教师评价的作用。比如，美国初任教师资格标准和考试制度为保证美国教师队伍建设作出了巨大的贡献。美国贝德福德县公立学校（Bedford County Public Schools）为了提高教师队伍的建设水平，制定了《贝德福德公立学校教师评价手册》，不仅告诉所有教师和其他教职员工应该做些什么，还清楚地阐明这样做的方式和原因；内容详细、具体，规范了教师的日常工作，同时

---

① 李晓延.新时代教师队伍建设的重要意义[J].人民论坛，2018（35）：121-123.
② 新华网.习近平：坚持中国特色社会主义教育发展道路 培养德智体美劳全面发展的社会主义建设者和接班人［EB/OL］.（2018-09-10）［2022-01-09］.http://www.xinhuanet.com/politics/leaders/2018-09/10/c_1123408400.htm.

也对教师的进一步发展提出了建议。①

（二）教师评价是制定和实施教育政策的支撑

教育要为培养满足我国经济建设和社会发展需要的人才服务，培养德智体美劳全面发展的社会主义建设者和接班人。因此，教师评价应立足当前教育教学中出现的新情况、新问题。教师评价可以便于教育管理职能部门更准确地掌握教师队伍的整体情况，从而有依据、有计划地制定并完善教师资格、职务、聘任、奖励、培训、培养等各项政策，使各项工作建立在更科学、更规范、更合理的基础上。②

（三）教师评价是提升教育效能的向导、衡量教育质量的指标和判断教师质量的标尺

教育质量是教育的关键。保证教育质量的决定因素是教师专业发展，而教师专业发展的关键因素是教师评价。世界各国已将提高教师质量置于教育改革的首要地位。如果教师质量得不到提高，学校教育质量难以得到保证。③

教师评价有利于教育教学改革的整体推进和教育效能的大幅提升，从而为全面提高教育质量提供保障。教育质量的高低取决于教师。教师是教育教学改革的决定性力量，教育教学改革的成败在很大程度上取决于教师的质量。因此，只有提高教师评价的客观性、公正性和合理性，从而调动教师参与教育教学改革的积极性，才能使评价符合教育教学发展的基本规律。确定教师评价体系，要坚持"以学生发展为本"，特别是体现学生发展核心素养的基本内涵和要求。

（四）教师评价是开展教育教学的规范、职前职后考核的依据、在职教师的底线和未来教师培养的基准

教师的专业发展贯穿职前培养、入职培训和职后进修的全过程，因此，从纵向的时间跨度来看，一体化的评价是教师专业发展的必然要求，教师评价也应贯穿职前、入职和职后教师教育的全过程。有效的教师评价应该是保证教育教学质量与教师的职后考核、未来专业发展相结合的重要手段。这样的教师评价体系不仅仅是对教师工作的评判，更重要的是为促进教师的成长和提高教学水平服务；不仅要保证教师的教学质量，还要促使教师自身得到专业成长和发展；不仅为了

---

① 严玉萍.美国公立学校教师评价标准述评——以贝德福德县为例[J].世界教育信息，2009（2）：39-43.
② 王祥权.教师教学评价工作的意义[J].高中数学教与学，2018（8）：11-13.
③ 严玉萍.美国中小学教师同行评价研究的新进展[J].外国教育研究，2008（7）：74-77.

发现杰出教师，更重要的是让教师了解自己的强项和弱点，促进教师专业素质的提高。[①] 因此，教师评价已经成为促进教师专业发展、提升教学素养、加强教师队伍建设的有效途径。

二、教师评价的功能

（一）传统教师评价的主要功能

1. 保障和调节功能

教师评价的目的是最大限度地调动教师工作的积极性和主动性，促进教师的专业发展，从而提高教育教学质量，最终促进学生的发展。同时，教师评价也是一种价值判断活动，包括评价教师的长处、优点和价值等。比如，绩效评价一般以教师的年龄、教龄、工作年限、聘任的专业技术职务、履职尽责情况等为依据，划分为不同层次的等级。因此，教师岗位的绩效工资与教师的工作能力、工作数量、工作质量直接挂钩，通过薪酬评价实现学校对教师管理的调节功能，按劳取酬，奖罚分明，体现兼顾公平与效率的市场运作规律，调动教师的积极性，发挥调节作用。[②]

2. 监督和管理功能

通过教师评价，实现了教师专业发展与学校各项教育教学工作的紧密连接。通过对教育教学工作目标的量化，进而把教师专业发展的目标落实在教师岗位职责要求中。这样，既有利于监督教师各个具体目标的达成情况，也有利于发现和及时解决教育教学中的问题，最终达成目标。

3. 激励与引导功能

鉴定、评判、奖惩与改进的目的是一致的，都是为了引导和激励教师的发展，从而在保证教学质量方面发挥重要的作用。因此，教师评价要对教师进行积极的肯定，使教师获得归属感和信任感，从而激发教师发展的内生动力。对教师教育教学中的不足，也要提出具体的改进意见，特别是对需要特殊帮助的教师要给予专业的培训与引导[③]，使教师在各方面不断完善和改进，促进教师质量的提升。

---

① 严玉萍.中美教师评价的比较研究[D].上海：华东师范大学，2008.
② 李迪，闫闯.教师绩效考核研究[J].黑龙江教育学院学报，2016（5）：24-25.
③ 吴新珍.高校教师绩效工资模式与特点[J].江苏高教，2010（1）：100-101.

4. 专业发展功能

教师评价的目的是促进教师的专业发展，是发展性的，而不是奖惩性的，"以奖惩为目的的教师评价"是一种错误的说法。[①] 正如前文所言，教师有效评价是教师研究的最终效标。教师评价通过促进教师专业发展，提升教师质量，最终提升教育质量，促进学生的终身发展。因此，教师评价既要符合教育教学的规律和实际情况，更要考虑教师的个人差异和发展的能动性。只有这样，才能真正发挥教师评价的专业发展功能。

（二）教师评价为我国教育事业发展助力

1. 有助于审视评价内容的领域维度，优化专业内涵品质

目前，常见的教师评价制度有绩效考核、职称评审、评奖评优等，充分发挥着鉴定、遴选和储备优秀教育人才的功能。其中，日常的教学任务和基本的教学素养等方面的指标所占权重远远超出其他项目，但"论资排辈""看帽子""数论文""拼文凭"等现象仍时有发生。这类选拔性指标往往将教师的全面人格、自由发展与职务晋升分割开来，诸如品格德行、兴趣潜能、思维品质、学习意识、主动精神、公民特征等重要的教师职业特征维度散落在评价指标框架之外。这就导致教师评价的主导功能，即引导、激励和调控等没有得到充分的发挥。因此，有必要重新审视教师评价内容的基本范畴和关键领域。只有通过不断优化教师专业发展的内涵品质，兼顾教师个体性与社会性、内在性与外在性的考察领域，才能真正地将教师看作体格、情感、态度、行为相融的一个行为整体。

2. 有助于改善评价运作的生态系统，实现教师赋权增能

教师是教育生态环境中与其他各要素紧密联系的个体，不能脱离环境和社会关系来谈教师评价或教师专业发展。早在 2001 年，教育部在《基础教育课程改革纲要（试行）》中强调，要"建立以教师自评为主，校长、教师、学生、家长共同参与的评价制度，使教师从多种渠道获得信息，不断提高教学水平"。这其实就是对教师评价与教育环境之间关联的一种倡导，突出在评价过程中教师自主活力与群体依赖平衡共生的状态。构建和完善教师评价的生态系统是实现以评促改、赋权增能的路径认识和机制保障。它超越了单向度、孤立的评价视域，不仅将一个个独立的教师

---

① 王斌华. 发展性教师评价制度研究[D]. 上海：华东师范大学, 2000.

评价项目通过整体的、联系的、发展的和多元的视角整合审视，还增进不同评价主体之间的互动与交流、反馈与协商。教师在与评价生态系统的互动交往中，体验平等、民主、尊重、信任、自主、鼓励、鞭策、指导、建议等，深入影响职业认同与专业自信的树立，进而获得专业发展和社会生存上的安全感、自尊感、幸福感和效能感。

3. 有助于丰富评价文化的信任价值，激活教师内在动力

信任文化缺失是现行教师评价工作价值基础的薄弱之处。苏霍姆林斯基曾指出，教育领域中最细致的是年长者对年轻人的权威问题。教师在社会生活中应具有价值引导、启发动员、使人心悦诚服的专业权威地位。但近年来，信任危机充斥在教师的专业发展和考核评价中，直接涉及教师态度和行为的选择。一方面，舆论报道中频繁出现教师道德失范、责任缺失等问题，引发了社会公众对教师职业声誉的污名化，尊师重教的传统社会风尚受到了极大的挑战；另一方面，由于科层制和绩效管理的引入，教育主管部门和学校对教师的管理采用自上而下的形式，迫使教师遵从、标准化、程序化、机械化的量化评分加重了教师的工作负担，同时也弱化了教育信念和主体关怀。

然而，教师评价在促进专业发展和提高教育质量上的文化功能并不亚于技术功能，这两类文化功能甚至有互相强化的作用。基于此，教师评价改革的逻辑起点应以信任机制和信任文化为依托，用柔性的人文伦理来激发教师对职业崇高性、使命感和专业性的认同，使每一位教师在评价过程中的信任关系里感受到人格尊严和自主独立感，彰显主动发展的愿望、潜能与内在动力，有机补偿行政属性外部动机所带来的约束。

第三节　教师评价的研究设计

本书针对目前基础教育教师评价机制中存在的主要问题，选择研究的技术路线，设计具体实施方案，最后对方案实施的重点、难点进行评估。

一、当前基础教育教师评价存在的问题

我国基础教育教师评价存在着如下问题：评价理念忽视全人发展、评价机制缺乏顶层设计、评价内容有待扩展丰富、评价主体关系亟待加强、评价方式适切性和规范性不足、评价结果利用率偏低。

（一）评价理念忽视全人发展

"教龄""课题及科研论文""各类奖项"等仍是领导和教师最为看重的评价标准或依据。大部分地区仍以可量化的指标作为诊断教师专业水平的核心要素，较少关注教师的全面发展和个性化特征。尤其是教师作为独立个体或团队成员时，与评价系统的互动作用。教师的职后培养聚焦教师的专业发展，教师专业性不断提高，但教师评价理念对教师个性化专业发展的引导作用却不明显，没有形成正强化，故此教师本身受信任的感知并不强。

（二）评价机制缺乏顶层设计

各级各类评价制度之间的系统性和关联性不足，缺少与教师成长阶段相呼应的连续性评价体系设计。评价制度的价值目标和导向功能不尽相同，导致不同区域教师评价的强度与频率存在差异。省域层面的教师评价政策文本均体现了深化落实党中央、国务院和教育部等中央行政部门的教师队伍建设工作精神与部署，做实各类教师评价工作。但从总体上看，各省份主动公开的教师评价政策文本还没有形成体系化和关联性，零星散落，缺乏顶层设计。

（三）评价内容有待扩展丰富

教育教学能力是教师评价最核心的内容，承担教育教学改革任务、教育教学科研能力和示范引领作用是重要的考核内容。但如何构建符合新时代教师专业特征的评价体系也尤为重要，如：师德师风和政治素养的重视和落实；树立多元儿童发展观和五育并举的学生发展观的教师专业境界等。

（四）评价主体关系亟待加强

学校考核部门、教师本人和领导是各类教师评价中最主要的评价主体，学生、家长和校外专业机构等主体的参与度仍然偏低。而且，校内外教师评价主体的专业性表征并不凸显，其对教师评价的多种目的的认识并不清晰，教师评价方式的有效性也有待认证。校内外跨部门和跨机构协同评价机制欠缺，外部评价者教育素养和评价素养把关不严，教师与评价者之间、各类评价者内部之间缺乏沟通，或造成评价的重复累加以及评价的效率和效益不高等问题。

（五）评价方式适切性和规范性不足

中小学校在实施经常性评价时采用的方式较为多元，能同时运用专业测评、表现性评价和档案袋评价等手段。但是，一线校长和大多数教师仍然认为评价工作最需要改进的是评价方式。可见，多元聚焦给教师评价工作增添了复杂性，评价方式的普及性、规范性和示范性还没有完全跟上教师评价工作的步伐。在评价方式已经普及和多样化的基础上,需要从质量上关注评价方式的运用。

(六)评价结果利用率偏低

教师获得评价结果反馈对学生评价、教学能力等实践类能力改进上的效果显著高于对学科知识的理解和惩罚性绩效。但从总体来看,无论是教育主管部门,还是幼儿园、中小学校,对评价结果的利用率普遍偏低,还需要继续深挖其用途,以更好地促进教师专业发展。

二、研究的主要目标

基于对以上我国基础教育教师评价机制中存在问题的认识,笔者明确了本次研究的主要目标。

(一)梳理我国各省市基础教育教师评价政策导向

对我国各省市教师评价政策制度和实施方案等进行文本分析,以教师评价、评审、选拔、考核、表彰、管理等为主要内容,通过关键词提取分析和语义网络图谱分析,梳理我国省域层面教育行政部门对教师评价政策的规划、落实与创新实践的基本导向。

(二)了解我国部分省市基础教育教师评价机制实践现状

对我国部分省市中小学校、幼儿园的校长和教师进行问卷调查,掌握基础教育阶段学校中教师评价制度及其实施情况,以及校长和教师对教师评价机制运作和具体实践的认知态度与改进建议。

(三)提炼上海基础教育教师评价机制实践的典型经验

以上海市基础教育阶段学校为研究对象,开展问卷调查和访谈研究,了解上海基础教育教师评价的一般做法、典型模式、有效经验、存在问题和改革需求,深刻分析当前教师评价实操中的重点与难点。

(四)总结基于优秀教师个人特征的评价系统互动机制

以上海基础教育中多位优秀教师为代表,通过这些教师对个人特征、专业发展过程和参与考核评价的经历等叙事性描述,分析上海基础教育教师有效评价机制的构成及其影响。

(五)构建基于信任文化的教师评价生态体系

以信任文化为价值理念,以人本范畴和教师个人特征为内容框架,构建教师评价的生态体系，探究教师个体、学校、校外环境等在教师评价机制中的联动性，分析评价机制对教师专业发展产生的深刻影响，提出基础教育教师评价机制改革的对策建议。

三、研究方法与实施方案

（一）文本研究法

文本研究环节主要进行文献述评和政策文本分析。

1. 教师评价相关文献述评

梳理国内外关于评价理念、评价内容、评价技术与方法、评价主体、评价应用（成效、反馈）、评价文化六个关键环节的相关文献，并进行分析述评。

2. 省域教师评价相关政策文本分析

从横向上梳理我国各省市尤其是上海各区和部分中小学、幼儿园教师评价的政策文本、具体指标和实施动态等。采用方便抽样的方法，在我国 34 个省级行政区域教育主管部门官方网站中，检索 2000 年以来以教师评价、评审、选拔、考核、表彰、管理等为主要内容的政策文本，共检索到 26 个省市自治区主动公开的相关政策文本 141 份。

这些政策在内容上覆盖了师德及信用评价考核、绩效考核、荣誉考核评价（如骨干教师、学科带头人、学术技术带头人、名师工程、特级教师评选、乡村优秀教师、乡村中小学首席教师、优秀班主任、德育工作先进个人等）、新教师考核、职务考核（名校长、园长、教研员）、职称评审、专业能力考核、专业培训考核等方面。

笔者运用 HyConc 和 ROSTCM6.0 等软件对各省市、基层学校的评价文本进行编码分析，确定背景信息、评价制度、评价实施、评价内容、评价主体、评价结果与应用六大一级类目，再围绕一级类目确定 n 次级分析类目，形成政策文本分析的操作性分析框架，最后用 R 语言绘制可视化语义网络图谱。

（二）调查研究法

调查研究环节主要采用问卷调查法和访谈法，了解我国各省市和上海中小学、幼儿园教师评价的基本情况。（问卷框架及题目说明详见附录）

1. 全国各省市的调查研究抽样设计

在国家统计局划分的东部地区、中部地区、西部地区、东北地区中选择有代表性的城市和农村。第一步，在东北地区随机抽取一个一个省级行政区域（辽宁省）；在东部地区随机抽取四个省级行政区域（上海市、江苏省、浙江省、广东省）；在中部地区随机抽取三个省级行政区域（江西省、河南省、安徽省）；在西部地区随机抽取六个省级行政区域（云南省、新疆维吾尔自治区、重庆市、贵州省、青海省和西藏自治区）。由于样本中东北地区的省级行政区域只有一个，且辽宁省亦在东部环渤海，所以将辽宁省放入东部地区进行统计分析。因此，笔者将研究区域合并为东部地区（五个省级行政区域）、中部地区（三个省级行政区域）和西部地区（六个省级行政区域）。第二步，在入选的区域内至少随机选取一个城市。第三步，在入选的城市中根据学段的划分随机抽取至少四所学校，即幼儿园、小学、初中、高中每个学段至少一所。经协商，除了广东省、贵州省、青海省和河南省外，其余各省市不同学段至少有一所学校参加本次调研，共计64所学校（幼儿园17所、小学16所、初中18所和高中13所）。

鉴于幼儿园教师与中小学教师专业特征和专业发展标准的差异性，笔者在同一问卷框架标准下，为幼儿园园长和中小学校长、幼儿园教师和中小学教师设计了两份结构相同、内容稍有差异的调查问卷。两份问卷的主要差异在于对幼儿园教师和中小学教师的评价内容略有不同。所以，本书在后续调查数据报告和结果分析中，对幼儿园与中小学分别进行描述和解释。

2. 上海市各区的实证研究设计

本研究在上海进行实证调查时，研究设计分为两个彼此独立又相互作用的阶段。第一阶段，通过问卷工具收集和分析定量数据。为与全国调查形成一定的对比，在上海开展的中小学、幼儿园教师评价制度实践的问卷与全国抽样调查的问卷内容、抽样方式、分析策略保持完全一致。第二阶段，进行定性半结构访谈，连接、整合两阶段数据，并通过定性数据中的支持性证据或异常性证据来阐释前后两阶段的研究发现。在数据分析与解释过程中，将第一阶段和第二阶段的数据相互融合、互作补充。

为了确保调研结论的科学性和有效性，参与上海问卷调查的教师样本依旧通过多阶段分层整群随机抽样的方式抽取。笔者在上海市的中心城区、近郊区和远郊区选择三个有代表性的区。在三个样本区按照幼儿园、小学、初中、高中学段划分，随机抽取四所学校。

在回收问卷、分析问卷数据后，笔者前往12所样本学校进行访谈。访谈和座谈对象为四类人群，分别是学校管理者、普通一线教师、学生（计划仅进行初中生和高中生座谈，但在样本学校 BJ 有两位四年级和两位五年级小学生参加）和学生家长。每场访谈或座谈时间原则上为 60 分钟，但在实际操作中，每一场访谈或座谈时长均在 90—120 分钟。

（三）案例研究法

笔者借鉴美国心理学家希斯赞特米哈伊的创造力三要素模型，从"个人特征""专业特征""评价系统互动"三大维度设计了教师评价对专业发展影响的叙事案例分析三角模型。这一模型从相互作用的视角出发，考察案例对象个人、其专业领域以及评价系统之间的互动情况。

三个顶点要素内部或相互之间可能存在明显的不同步性，某一顶点或某两个要素之间互动的缺失或不稳定、不规则均属于正常现象。因为本书假设样本对象存在个性化内在特征与动机、个性化的发展经历和个性化的评价系统互动体验，故仅依托三角模型作为分析框架，并不追求研究结果中样本对象个人或相互间的三个顶点要素完全吻合。

笔者有目的性地选择六位优秀教师作为案例叙事分析的样本。这六位研究对象分布于不同学段，均为高级教师及以上职称，具有丰富的学校管理经验，且在上海市基础教育领域有一定的知名度和影响力。

四、研究重点和难点的评估

第一，立足新时代教师评价的现实问题，克服评价过程中唯分数、唯升学、唯文凭、唯论文、唯帽子等功利主义和唯指标化的倾向。笔者认为，"破五唯"的目的和手段不是简单地叫停"五唯"指标。教育评价的基本要义应是构建价值。评价价值取向的科学性和合理性决定了教育发展的趋势、结构与实效性。因此，本书着重在价值与理念引领、制度与文化建设的基础上，丰富教师评价的内容领域，关注教师本身的个人特征，贴近教师的真实工作、生存状态与现实生活，挖掘对教师专业发展影响较大但尚未受到关注的方向领域，进而优化教师评价体系。

第二，关注教师所处的教育环境，让评价激活教育的生态系统互动和良性循环。教师评价是教育评价的重要组成部分。研究教师评价生态体系，捕捉教师在不同场域中的外在行为表现及其内在动力因素，贯穿其职业生涯始终。从教师个体出发，让有效的评价惠及教师所处的各层关系，激活教育的良好生态。

第二章

新时代中的教师评价基石

随着新时代的到来,全球的教师评价范式正在发生深度转换。教师评价体系建设向内关注教师的个体生命历程和职业生涯历程及其关键转衔,向外关注教师行为活动的场域和环境,进而形成以教师本体为中心,课堂场域、学校场域、社区场域和社会场域等层层嵌套的教师评价生态系统。而且,不同主体对教师专业理念和专业素养的信任结构,内在的信任动力和外在的信任文化,都在不断掩盖教师评价的工具理性,挖掘价值理性的重建。面对新时代变革发展需求,人本主义理念、信任文化精神和教育生态系统建设,将为教师评价机制建设提供新意蕴。

第一节 人本范畴与教师评价

一、人本范畴与内涵
(一)人本主义的概念

提到人本理论,我国古代先贤早已对此有各自不同的看法,如儒家注重"人道大伦""克己复礼",墨家提倡"兼爱非攻",道家主张"道法自然""无为而治"。进入 20 世纪初,随着社会发展和人类思想的不断进步,"人本"的作用被进一步重视起来。如从企业管理的角度开始思考和探讨"经济人"和"社会人"的概念,人的自我实现需要也逐渐被重视起来。到 20 世纪 50 年代后期,人本主义思想也逐渐被运用到企业管理中,人们开始立足"人本"思想开展活动。①

---

① 花蓉,顾菲,王斌.人本管理视角下的高职教师教学评价研究[J].湖北开放职业学院学报,
  2020(11):68-70.

国内外的学者认为"人本主义"一般与"科学主义"相对，这种相对是指人本主义以人为目的和尺度，并始终以人为本。① 宋宁娜认为，它是西方高度关注人的生存状态的一种哲学和心理学流派，它由古代注重人的理性、尊严发展为中世纪依靠神的哲学，近代开始研究个人的内心活动，并逐步扩展为对社会问题探索的学术体系。② 刘永富提出："无论作为理论倾向还是作为理论体系，人本主义的实质都是从人出发，以人为最终根据和最高目的去考察、去说明、去处理一切问题。即人本主义反对离开人去考察、去说明事物本身是什么，反对离开人仅仅就事物本身去处理事物。"③

（二）教育人本管理的内涵

在以人为中心、强调人的价值和想法的现代社会中，人本主义理论常常被用于管理实践活动。

许锦秀和刘爱华认为，人本管理就是以人为主体和中心实施管理，把人作为组织发展的决定性要素，强调开发人、尊重人、依靠人、满足人，最终一切为了人，实现组织目标和个人职业生涯规划的高度统一，组织目标和社会目标的高度统一。④ 杜雪兴强调人的价值，坚信一切活动的本质都是为了人。⑤ 孙鹤娟认为，人本管理就是把人作为管理的主要对象和重要资源，尊重人的价值，全面开发人力资源，以谋求人的全面自由发展为最终目的的管理。⑥

人本管理理论同样对学校组织内部高效的治理和管理体制发挥着重要指导作用，对教师评价体系的建构具有较强的指导意义。并且，无论是人本管理理论还是其方法与实践，一般都将人性假设作为前提。因此，在评价教师时，其基础也是建立在对教师的人性假设上。在辩证唯物史观中，人是历史的、社会的，那么构建以人为本的教师评价的关键就在于教师评价方式适用于教师作为怎样的社会

---

① 冯契，徐孝通.外国哲学大辞典[M].上海：上海辞书出版社，2000：10.
② 宋宁娜.西方人本主义教育思潮评述[J].苏州大学学报（哲学社会科学版），2001（1）：116-123.
③ 刘永富.关于人本主义的若干问题——为考察世纪之交的哲学走向而作[J].武陵学刊，1996（4）：1-5.
④ 许锦秀，刘爱华.论以人为本的管理理念在中小学教师管理中的运用[J].教学与管理（理论版），2006（6）：10-11.
⑤ 杜雪兴.建立人本主义的教师管理机制[J].巢湖学院学报，2003（2）：117-120.
⑥ 孙鹤娟.人本管理是学校文化管理的第一原理[J].现代教育科学，2003（2）：15-17.

角色：经济人、社会人，还是自我实现的人。

首先，作为人，教师有对社会物质的需求，经济的推动对教师有着直接的激励作用；其次，作为知识分子群体，教师对人类文明所倡导的自由、民主、文明有着强烈的渴求；最后，教师特殊的职业属性，也决定了教师在培养人才、科学研究等方面对经济发展和文化进步具有巨大的推动作用。而这种职业属性决定了教师在人性需求上，内在的精神满足占据了重要位置。教师群体普遍具有对事业的责任感和对自我价值实现的渴望，追求职业和专业上的自我实现。

所以，在构建教师管理体系时，不能忽略人本管理理论呈现的因素，比如：尊重教师的人格、心理和需求；构建和谐有序的人际关系；知人善任，广纳言路；激励与奖励并用，组建和谐美好的教育环境，以期实现学校的持续发展和教师的全面稳定成长。①

二、从人本主义视角理解教师评价
（一）人本主义与教师评价

早在 20 世纪六七十年代，美国就率先将人本管理理论应用于教育领域。杜威强调，在保证学校制度和教育秩序的前提下，大力提倡教师参与学校管理，并培养适合学校民主管理的教育管理者。②

玛丽·阿波达卡（Mary T. Apodaca）指出，决策分享理念与校本管理思想都基本上可以纳入人本管理理论之下。也就是说，校本管理本身就应具有以人为本的理念，同时将这种理念在校本管理的过程中逐渐渗透落实，最终达成人的发展目标。基于此，为更好地促进学生的全面发展和教师的专业进步，学校在建设教师管理制度时要更多地关注教师、关怀教师，让教师感受到人文情怀，从而形成正面、积极的自我管理和竞争向导。

教师评价作为教育管理过程中的一个环节，人本主义的应用对教育评价来说也同样重要。教师管理人本化是促进教师自我价值与社会价值统一和融合的管理活动，它不仅仅注重教师的现实表现，更加重视教师的自身发展。由此，在教师管理过程中，管理者要注意培养教师的主体意识与创造精神，以便促进教师的现

① 娄欣生，周艳球，尤季仙.试论以人为本的教师管理[J].管理观察，2005（2）：49-50.
② 陈如平.杜威论民主的教育管理[J].高等师范教育研究，2001（1）：57-62.

实表现与未来发展相协调，促进教师的心态与校园氛围相融合，促进教师自身发展和学校发展的相统一。[①]

（二）人本主义视角下教师评价的现状

虽然我国现行的教师评价体系经历了由奖惩性评价向发展性评价的过渡和转折，更加强调通过评价促进教师专业发展的目的和意旨，但是我国教师评价政策实质上仍具有浓厚的服务于组织人事管理的功利性功能和人事行政管理倾向，比如，职称评审仍是教师评价的一项重要工作。实践发现，对教师的评价常常自然而然地与学生的考试成绩相挂钩。同时，有很多指标并不能真正反映教师的专业发展程度，用这些指标来评价教师的素养如何反而会让教师偏离教学的核心，从而有可能会对学生的全面发展和教师的专业化成长起到反作用。

1. 工具理性占主导，评价缺乏对教师的人文关怀

教师评价的目的在于对教师个人专业的发展和其人生价值的实现起到推动和促进作用。当前，学校内部教师管理以定薪、考核、津贴、奖励等方式对教师予以奖惩，把教师视为"经济人"而非社会人、追求自我实现的人。这种管理机制下的教师评价方式是奖惩性教师评价。奖惩性教师评价是一种将对教师的评价结果直接用于作出解聘、降级、晋级、升职、加薪、奖励等人事决策的终结性教师评价制度。这在一定条件下、一定程度上激发了教师以良好的教学科研成绩获取丰厚报酬的外部动机和积极性。[②]

但是这种将教学评价作为约束和规范教师教学的主要手段，将教学评价结果作为教师考核的重要依据，反而没有真正发挥评价对促进教师专业可持续成长的作用，也削弱了教师对自身专业发展的内在需求，其负面效应也日益明显。终结性评价关注教师过去的成就，并且以奖惩为目的。它的弊端在于容易导致教师内在发展动机的减弱甚至消退。因此，容易导致教师逐渐以津贴、报酬的多少或评级的高低等物质利益作为自己发展的最终目的，而逐渐忽视自我发展等内在动机的激励作用。

教学评价的现状过于关注教师作为工具产生的价值，而忽视了教师作为社会

[①] 刘爱萍.高校教师管理人本化研究［D］.长沙：湖南大学，2010.

[②] 徐敏.构建人本化教师评价体系的思考［J］.长春工业大学学报（高教研究版），2008（1）：36-38.

人的情感需求和自身的主体价值。要在真正意义上提升教师的教学水平和能力，促进其获得持久的专业成长和能力发展，就需要通过评价对教师的教育教学进行诊断和甄别，从而起到有效的激励和引导作用。

2. 评价话语权缺失，教师的角色被边缘化

了解教师的发展需求和成长现状是学校管理极为重要的一部分。重视教师的现状和需求，不仅有助于帮助学校制定更加合理的评价体制和机制，还有助于更有效地发挥评价体制的作用，促进学校管理的改进。如果想要调动教师的专业积极性，就需要依据人本理论，重视和满足教师的内心发展需求，这样有利于提升教师的教学水平，促进教师的专业可持续发展。①

而现实是教师在评价中并没有发言权，不仅对评价方式和内容无权干涉，对评价结果也往往茫然不知，抑或是知其结果却不知结果的真实含义。而对教师的最终评价结果一般是领导评估或者奖惩教师的依据，并归于教师的个人档案。评价的反馈原本可以积极地发挥评价的作用，但是，由于评价主体和教师之间缺乏有效的沟通和结果反馈，教师很难了解到自身教育教学的真实情况，同时也剥夺了教师申辩和补充的权利。教师对评价的认同度低，其所产生的消极、不安等情绪，不利于教师教学评价功能的发挥和教学质量的提高。

3. 评价结构单一，主体、内容和方式缺乏全面性

教师评价是对教师的工作业绩或者专业发展进行价值判断的活动。教师评价的主体是人，所以评价过程和结果常常受到评价主体的价值取向、能力水平、实践经验等条件的影响。传统的教学评价主体主要有学校的校长、中层干部和区域的督导老师等，他们可能依据主观印象、表现结果、人情等进行片面的评价，不一定具备评价所需的专业素质，导致评价结果缺乏客观性和科学性。

评价内容通常只能反映教师教育教学过程中的最终显性成果，而忽视了教师在发展过程中所付出的艰辛努力、教育教学过程中各种影响因素的干扰以及学生所受到的教师潜移默化的影响等。在评价方法上也存在类似问题，当前的教师评价方法以定量方法为主，因此不易被量化的因素容易被忽略，如情感、动机等隐性变量，而这些隐性变量恰恰又是对教师进行评价的重要内容。

---

① 熊岚. 人本取向的高校教师评价研究［J］. 高校教育管理，2007（1）：48-53.

三、人本主义视角下教师评价的意义

教师评价是激励和发展教师、提升教育人才培养质量的重要手段。教师专业发展的现实需要要求教师评价体系更加体现人本主义思想。[1] 有研究者指出,教师评价对教师专业发展的意义表现应为导向作用、诊断作用、激励作用。[2]

从世界各国教师评价取向的发展趋势来看,总体上是以质性评定取代量化评定;评价的功能由鉴别转向注重教师个体的专业发展;倡导评定问题的真实性、情境性,重视教师的教学过程。这种发展趋势符合人本主义思潮,体现了时代特征,重视教师个人发展的潜力,确定和支持教师个人的专业发展方向,从根本上提高了教学质量,促进了教师队伍建设水平的提高。[3]

学者吴琼从"理解"的视域来分析教师评价改革,他基于海德格尔、伽达默尔、哈贝马斯关于理解和对话的理论,提出要以"理解"为切入点进行教师评价改革。他将教师评价视为一种理解和对话的方式,一种通过理解和对话来促进专业发展的活动。[4] 所以,自我规划、认知、发展与反思以及理解共识的达成等目标应成为教师评价的导向,实践性知识应取代僵化的理论性知识。同时,我们应当提倡多元主体参与到评价中,由一元向多元主体转变,并将过程中的平等对话和相互信任理解作为教师评价实施的根基,切不可将行政权威作为教师评价实施的根基。总的来说,基于理解视域下的教师评价认为评价导向的变革要真正以人为本,真正意义上将多元融合和尊重理解人作为价值导向,并实现一元走向多元的转变目标。

(一)以价值理性为主导,实施发展性教师教学评价

20世纪80年代末以来,英、美等国开始推行一种新型的发展性教师评价制度。发展性教师评价扬弃奖惩性教师评价基于"经济人"假设理论——采取金钱和奖励刺激教师工作积极性的做法,承认和尊重教师"自我实现人"的人性本质,特别关注教师自我实现的需要,最大限度地满足其尊重和自我发展的需求,从社

① 刘国飞.基于教师专业发展的教师评价研究——以天津市三所中学为例[D].天津:天津师范大学,2017.
② 饶从满,杨秀玉,邓涛.教师专业发展[M].长春:东北师范大学出版社,2005.
③ 刘红英.新课程视野中教师评价的价值取向[D].山东师范大学,2003.
④ 吴琼."理解"视域下的教师评价改革[J].现代教育管理,2011(2):90-92.

会、心理方面来激发教师的工作热情，调动教师的积极性。[①]

工具理性指导与价值理性指导的区别在于，价值理性指导的最终功能定位是发挥教学评价对教师发展的测评与激励作用。这种教学评价的功能定位以价值判断和激励的方式对教师的各项教学活动进行评价，不仅对教师自身的能力（如教育教学、社会服务等）有很大的提升作用，还直接体现在对学生教学水平和人生指导水平的提升上，从而实现师生共同发展的理想境界。

在以人为本的教师评价体系的建立过程中，如果只强调对教师实际表现的评价以及外部力量对教师的监督与指导，则无法体现人本主义的价值理性。对教师的教育教学评价，还要关注教师的未来发展和激发教师的内在发展动力。因此，教学评价要在反思和改进教师实际表现的基础上，注重教师自我发展以及自主发展内部动力的激发，这才能真正实现教师队伍的人本化管理。

（二）兼顾绩效压力与内在激励，促进教师专业成长

提倡发展性教师评价体系并不是要完全废除奖惩性教师评价制度，从人本主义的角度出发建立的教师评价体系不能完全摒弃以监督和奖惩为方向的奖惩性教师评价。

评价制度在保持教师绩效压力的同时，是否能发挥对教师的内在激励作用是判断一个教师评价制度是否成功的关键。奖惩性教师评价和发展性教师评价的结合是较为理想的教师评价方式。一方面，奖惩性教师评价方便了政府和学校等各级教育管理者对教师的外在监督与管理；另一方面，发展性教师评价更加侧重对教师的指导和内在激励作用。

因此，要将两种评价方式相结合，以发展性教师评价为主，奖惩性教师评价为辅，在发挥两者各自优势的基础上，规避各自的弊端。在构建人本主义的教师评价体系的过程中，将奖惩性教师评价中的积极激励因素作为出发点和落脚点，将促进教师的专业发展作为最终评价目的，将评价结果和结果反馈作为重要的参考依据。

（三）尊重教师个体差异，制定多元化评价内容和标准

依据人本管理理论，教师个体是存在差异的，所以对教师的评价标准和内容不能一概论之，要因人而异，并且评价应该把教师发展作为评价的目的所在。

---

① 徐敏.构建人本化教师评价体系的思考［J］.长春工业大学学报（高教研究版），2008（1）：36-38.

第一，从人本理论出发，综合考虑教师个体的差异，科学制定评价内容。可以分别从共性评价、个性评价、特色评价三个维度，科学制定教学评价内容。其中，共性评价包括教学态度、教学技能、专业水平、理论水平等，个性评价包括教学风格、教学效果、教师魅力、师生情感互动等，特色评价包括学科建设、课程开发、社会服务、基层挂职等。[①]

第二，教师的成长阶段各有特点，应根据其发展规律制定有梯度的教师评价标准。教师的发展阶段主要有职初期、中青年期和成熟期，要尊重不同发展阶段教师的个体差异，结合奖惩性教师评价和发展性教师评价采取适宜的评价方法和策略。[②]

对职初、中青年和成熟教师来说，每一个发展阶段都各有特征，教学评价不能以统一的标准来衡量。对于处在适应期的年轻教师，他们对教育教学的工作还不够熟悉，对专业发展有更加迫切的需求，因此比较适合采取发展性的评价方式，在发挥评价鼓励性功能的同时，减少评价的外部约束功能，更好、更快地促进专业发展。而对于成熟期的教师，则要综合性地采用发展性和奖惩性的评价方式，在促进教师专业发展的同时，发挥评价的外部约束作用。

第三，评价指标体系的设计还需要考虑到不同学段、不同学科教师的差异性，为保证教师评价的全面和客观，应从不同评价主体角度分别设计对应的评价指标体系。

（四）鼓励教师参与评价，重视评价反馈和教师话语权

早在 20 世纪 70 年代，美国就有学者探究了教师参与评价的重要性。例如，杨和海西伯格指出，佐治亚州的一些学区强调合作政策，允许教师参与教学目标设定和教学改进过程。[③]之后，教师参与评价一直成为学者们关注的话题。我国也有学者极力提倡受评教师主动参与教师评价。例如，傅道春指出，教师不应只是参与评价过程，还应在评价项目或指标方面拥有发言权，能够正确理解评价的意

① 花蓉，顾菲，王斌．人本管理视角下的高职教师教学评价研究[J]．湖北开放职业学院学报，2020（11）：68-70.
② 徐敏．构建人本化教师评价体系的思考[J]．长春工业大学学报（高教研究版），2008（1）：36-38.
③ Young J M, Heichberger R L. Teachers' perceptions of an effective school supervision and evaluation program[J]. Education, 1975（1）：10-19.

义等。[①]

首先,保障教师的参与权,让教师参与教育评价的全过程,包括评价标准的制定、评价的实施与修订以及评价结果的反馈等。让教师参与教师评价的过程,一方面,能提高教师对评价内容和评价过程的认可;另一方面,也能使整个教师评价体系更加合理、科学。其次,保障教师的知情权,让教师通过评价结果的反馈,及时了解自身的优缺点并查漏补缺。最后,保障教师的申诉权,让教师能够对评价结果进行质疑与申诉,这主要通过各种质量监控部门和申诉平台的建立与完善来实现。

与此同时,需要重视评价的反馈环节,赋予教师充分的话语权。评价结果的反馈不仅能够促进教师根据评价结果对自身的教育教学过程进行反思,还能够促进评价者与教师之间的互动交流。一方面,教师能够通过与评价者之间的沟通,更加深刻地理解评价内容;另一方面,评价者在与教师的互动中,了解教师的评价过程和评价结果的看法与意见,挖掘影响评价内容的其他因素,从而提高下一次评价的质量。

总的来说,教师评价的目的在于学校发展和教师成长,推动了教师教育教学的可持续发展。其中,人本理论以尊重人、激励人和发展人为核心和关键抓手,充分关照了作为个体存在的教师主体,不仅对教师评价具有较强的理论指导意义,还注重教师的成长发展,最大限度地激发了广大教师的积极性和创造性,提高了人才培养质量。由此可知,以人为本,尊重教师、激励教师和发展教师才是进行教师评价和构建教师评价体系的根本目的所在。

第二节　信任文化与教师评价

信任是教育诸种关系中最基本的关系,它存在于教育诸要素的互动中。[②] 教师评价反映了各教育主体与教师个体之间的互动关系。由于信任具有激发动力与增进联结的两大功能属性,在教师评价的各种关系中,离不开信任文化所发挥的润滑、调节和增效作用。与此同时,由于社会发展正从倾向客观的、实用主义的制度

---

① 傅道春.教师的成长与发展[M].北京:教育科学出版社,2001.
② 曹正善.信任的教育学理解[J].四川师范大学学报(社会科学版),2007(4):46-50.

来解决难题的形态，向通过对价值、符号、意义、文化等的关注，以突破性应对挑战的形态转变，教师评价也逐渐从关注成绩、业绩、工作量、绩效分配等硬性指标及硬性制度，走向关注教师的专业成长和精神生活以及营造增强合作的信任文化。

一、信任的功能及内涵

信任在社会生活中具有多方面的发展价值与功能意义，很大程度上影响被信任者的后续行为以及双方未来的关系质量。[①] 心理学研究认为，信任能够激发被信任者的工作驱动力；经济学的调查显示，交易双方之间的信任能够规避风险和降低交易成本；在社会学中，信任对于人际交往有积极作用，能"简化个体适应复杂社会环境的机制，并使个体从不断增加的机会中获益"。信任功能在不同的领域应用源自对信任内涵的不同理解。

广义的信任指对某人期望的信心，是社会生活的基本事实。[②] 从心理学研究来看，信任是个体的一种构成个人特质的信念，是一种经过社会学习逐渐形成的相对稳定的人格特点。基于社会学的视角，信任的定义是"相信他人未来的可能行动的赌博"[③]，而在社会机制与人的关系上，"信任是在少有约束机制的前提下，人们彼此之间可以实现相互托付，并能够确切地预测其结果"[④]。从某种意义上说，信任一方面存在于人性的本质中，另一方面也是人际互动的自然产物。此外，信任还与社会环境的状态密不可分。在社会发展的历程中，信任成为一种社会复杂机制的简化策略，也是人们为了生存、进化和发展而作出的一种主动选择。基于以上关于信任的基本认识，可以从人格特质、人际关系和社会文化三个维度，理解信任的内涵。

（一）信任作为一种人格特质，体现个体动机、态度与倾向

信任理论的一个取向是把信任看作个体的人格特质和人格驱力。[⑤] 其理念认识源于传统心理学的研究范式，以微观社会个体的心理为基础，从人的个性特点

① 李攀，苏贵民.教师职后发展不可或缺的动力：教育者的信任[J].集美大学学报（教育科学版），2019（5）：9-13.
② ［德］尼克拉斯·卢曼.信任：一个社会复杂性的简化机制[M].瞿铁鹏，李强，译.上海：上海人民出版社，2005.
③ ［波兰］彼得·什托姆普卡.信任：一种社会学理论[M].程胜利，译.北京：中华书局，2005.
④ 翟学伟.信任的本质及其文化[J]社会，2014（1）：1-26.
⑤ 胡宝荣.国外信任研究范式：一个理论述评[J].学术论坛，2013（12）：129-136.

入手,将信任理解为个人的心理事件、人格特质或行为。[①] 也就是说,信任是一种存在于个体内部的相对稳定的人格特点,包含动机、态度和倾向成分,是人的心理过程,也作用于人的行为。心理学家认为,在人格结构中存在信任特质,即基本信任或信任冲动,它是一种基本的社会感情,是构成社会生活的基础情感。[②] 因此,现实生活中有些人倾向信任他人,而有些人倾向怀疑他人,这源于个体早期的社会心理形成。婴幼儿时期的依恋关系是信任形成过程中的一种表现,这种信任与信仰、期望等心理状态相似,根植于人的个性中,驱动着人的行为。

(二)信任作为一种人际关系,表现人际理性与情感的联结

人是社会的存在物,总是处在一定社会关系中。信任不仅是个体行为,信任关系的建立必然关系到其他信任主体。这种人与人之间的信任源于人的社会属性,体现为人际关系间的信任。在人际交往的过程中,信任的双方主体既是信任者,也是被信任者,这种互相作用的人际信任最重要的两个维度就是理性与情感,分别表现为认知型信任和情感型信任。[③]

一般人际信任都掺杂着不同程度的理性和情感因素,相互信任的双方体现出人与人之间理性与情感的联结。一方面,基于对被信任者行为预期的理性判断,如被信任者的职业、地位、人格以及惯常的行为表现等都是考虑的因素;另一方面,也融入与被信任者的情感关系,如亲人、爱人、朋友等的信任关系大于陌生人,这属于情感投入范畴。在这样互相信任的基础上,就会形成一种强大的互相增强的信任关系,而不信任则恰恰相反,不断增长的疏远和怀疑会形成恶性循环。[④]

(三)信任作为一种社会文化,反映生存方式及社会发展样态

信任作为社会文化往往以缄默的方式影响人的行为以及所处的环境。一方面,文化为人的行为提供价值、规范和认知的导向,并以一种强有力的决定力量,释放、促进、激发或抑制、阻止人的行为。这种行为的集合体现为人们共同的生存方式。另一方面,文化是个体行为和集体行为不断积累的产物。因此,人的行为也会创造性地塑造或再造文化。[⑤] 这种文化就融于社会发展的各种样态中。在社会

① 孟卫军.心理学与社会心理学视域下的信任研究[J].中外企业家,2014(30):235-236.

② 豆宏健.从信任人格、信任关系到信任文化——信任:发展与和谐的社会资本[J].陇东学院学报,2015(3):63-66.

③ David L J, Andrew W. Trust as a social reality [J]. Social Forces, 1985(4):967-985.

④ 同①.

⑤ [波兰]彼得·什托姆普卡.信任:一种社会学理论[M].程胜利,译.北京:中华书局,2005.

文化的视野中，"信任是在某一群体成员对共同文化、习俗和制度规范认同的共同基础上，成员之间对彼此常态、诚实、合作行为的期待"[①]。在人的行为相互作用的过程中，一种浓厚的信任文化会给人际互信营造良好的氛围。人与人之间以互信的方式生存，也会推动社会机制的简化，促进信任文化的生成。

由于教师评价对教师专业发展起着导向作用，信任也在教师评价中发挥着重要功能，在教师评价体系中，信任文化的融入是不可或缺的。

二、从信任视角理解教师角色

（一）个体场域中的教师信任

信任作为一种人格特质，人就有高信任者和低信任者之分，教师也不例外。多项研究表明，高信任者比低信任者更倾向合作，也更容易产生积极的情绪体验。[②] 范·兰格（Paul Van Lange）等认为与低信任者比，高信任者更倾向选择共同的目标或产生共同利益的行为，证明了高信任者具有高合作倾向。[③]

教师的职业属性决定了他们需要与不同的人群共事，离不开与人的沟通和合作。因此，教师若具有高信任倾向，则有利于促成与他人合作的达成，对其专业发展有一定的积极作用。这种个人特质与信任的关联预示了教师专业发展的潜能，也是教师专业发展的重要影响因素。但信任的人格特质在个体与环境互动的过程中形成并逐步稳定下来，因此，外在经历的事件所传递的对教师个体信任影响着教师信任人格特质的生成。也就是说，教师在工作和生活中所接收到的他人评价反馈以及教师的自我的认知与自我效能共同作用于教师个体信任的生成。

（二）教育场域中的教师人际互信

教师进入工作环境后，就会与各种主体进行互动，其中互动最为频繁的就是学生和同事，而家长、领导或专家也是与其互动的重要他人。教师在教育场域中的人际互信织造了教师成长的网络。师生互信是促进学生学习成长、实现教师教

---

① ［美］弗兰西斯·福山.信任：社会道德和繁荣的创造［M］.李宛蓉，译.呼和浩特：远方出版社，1998.

② 乐国安，韩振华.信任的心理学研究与展望［J］.西南大学学报（社会科学版），2009（2）：1-5.

③ Van Lange P，Vugt M V，Meertens R M，et al. A social dilemma analysis of commuting preferences: The roles of social value orientation and trust 1［J］. Journal of Applied Social Psychology，1998（9）：796-820.

育成效的必要因素之一。心理学研究表明，学生在学习过程中通常有两种主要动机，即交往动机和成就动机。[①] 教师信任、尊重学生是交往动机能够形成的重要基础。[②] 同时，学生给予教师的信任是教师教育教学改进最直接的动力来源。

在我国教研制度的实施背景下，教师与同事的关系在教师专业发展进程中占据重要地位。教师与同事组成了不同发展目标的学习共同体，学科教学、学生管理、班团活动、跨学科项目学习等都建立在教师与同事互信的基础上，合作教学与学习才得以显示其成效。

此外，在教师教学能力提升与专业发展道路上离不开专家及领导的指导与引领，教育专家与教师之间的互信关系可以极大地激发教师钻研教育教学的信心。由于信任是一种对未来可能行为的期待，家长对教师的期待会成为教师的教育行为的外在驱动力，家长与教师的信任关系，有利于家校合作共育。

（三）社会场域中的教师角色信任

信任的对象不仅存在于行动者之间，还存在于个体背后的社会系统中。[③] 在社会场域中，教师与军人、医生、国家公务人员等类似，具有社会的高信任性。[④] 当一个人成为一名教师，会因为社会对教师职业的高信任性而提高对其个人的信任，同时也可能因为个人的魅力而获得学生、家长的信任，从而增强社会成员对教师群体的信任。

因此，对教师角色的信任会提升对教师个体的信任，而对教师个体的信任也可能扩散到整个教育体系。在社会场域中的信任是教育场域中各主体和谐共生的基础，如果当社会普遍对教师角色产生了信任危机，教师的价值普遍受到人们的质疑，这样不仅会影响教育的良性运行与发展，还会造成对社会发展的负面影响。

三、信任文化视角下教师评价的意义

广义的信任文化不仅指一种作为社会文化的信任，还包含个人特质与人际

---

① 何一粟，李洪玉.成才始于动机[M].天津：百花文艺出版社，2009.
② 张宏，杨晓艺，李莉.中学教育中师生信任问题探索[J].内江师范学院学报，2005（1）：87-90.
③ 石艳."共同生存"何以可能？——教育场域中信任问题的社会学审思[J].华东师范大学学报（教育科学版），2007（2）：16-22.
④ [波兰]彼得·什托姆普卡.信任：一种社会学理论[M].程胜利，译.北京：中华书局，2005.

关系领域的信任。因此，基于信任文化的教师评价具有三层现实意义。

（一）赋予教师个体信任，激发教师专业发展内在驱动力

教师评价作为教师专业发展的导向，其重要功能之一就是衡量教师的教育教学绩效，其根本目的在于不断提高教师的专业性，而这种专业性在信任文化下会得以强化。通过专业性、科学性与针对性的评价内容引导，可以确立教师可信任的形象，由此获得正向的评价反馈，也会增强教师的信任性。

除此之外，教师评价还承担着一个重要的角色，即激发教师专业发展的内在驱动力。内在驱动力影响教师专业成长的积极性以及在陷入困境时的坚持度，因此也是保持教师可持续发展的核心动力。这种内在驱动力的激发得益于信任能够唤起他人的积极性的功能，正如卢曼（Niklas Luhmann）所说，"信任释放和调动人的能动性，释放对他人的、不受抑制的、革新的、企业家式的积极精神"。给予教师信任，有利于激发教师的潜能，并唤起他的内部动机，这也体现了以信任文化为逻辑起点设置教师评价内容的重要价值。[①]

（二）助推教师评价主体互信，增进教师与其他主体的合作

随着社会发展对教师要求的不断提高，教师评价除了发挥选拔优秀教育人才功能外，还需要保障教师队伍整体水平的稳步提升。在教育场域中，学生、家长、同事、专家以及领导对教师而言都是重要的评价主体，这些评价主体对教师的信任可以通过评价直接呈现出来。

因此，只有将信任文化渗透到教师评价的机制设计、过程监督、频率把控以及结果反馈中，让教师在评价中感受到评价主体对自己的信任与尊重，才能使教师以受信任与受期待的形象来规范自己的行为，从而提升自身专业发展水平。同时，在基于信任文化的评价影响下，教师会以同样的信任回馈给其他教育主体，进而可以通过评价的引导来促进教师与各教育主体之间的合作共进。

（三）促进教师系统信任生成，调节教育生态系统平衡运维

在教育生态系统中，教师与学生是核心，学校（包含同事、家长、领导等在内）是中间环节，基于信任文化的教育系统以及社会是外在环境。评价在教育生态系统的这三个环节中起到调节作用。首先，由于信任可以简化教师评价机制，基于信任

---

① ［德］尼克拉斯·卢曼.信任：一个社会复杂性的简化机制［M］.瞿铁鹏，李强，译.上海：上海人民出版社，2005.

文化的教师评价就可以起到降低教育成本的作用。其次，基于信任的教师评价在外在环境中以政策的形式作用于教师专业发展，也促进教育目标达成。最后，基于信任的评价在学校环境中实施，传递给教育主体的信任会有利于实现教育效果。

再者，评价主体对教师的信任会影响教师的行为，教师在评价中所受到的这种信任也会潜移默化地迁移到学生身上。由此，以信任为起点，对教师开展评价，会在学生、教师、学校环境以及社会环境中发挥积极作用，调节教育生态系统的平衡。

第三节　教育生态与教师评价

教师评价是一个复杂的系统工程，它发生的过程需要一个有效能的场域作为环境支撑。在这一场域中，评价相关的各个要素之间具有内在关联性，因此，评价机制的设计与实施更要从广阔的生态系统观出发。

一、教育生态的功能及其内涵
（一）教育生态学的产生与发展

生态学（Ecology）是一门"研究有机体或有机群体与其周围环境的关系的科学"，芝加哥学派最早将它引入人类社会问题研究中，提出"研究人类在其环境的选择力、分配力和调节力的影响作用下所形成的在空间和时间上联系的科学"这一人类生态学（human ecology）概念。[①] 到20世纪中叶，奥迪斯·邓肯（Otis D. Duncan）将物理变量、生物变量和社会变量及其之间的关系构成一个POET生态系统，这个生态系统由人口（population）、组织（organization）、环境（environment）和技术（technology）四大变量组成。随后，社会文化学者将文化变量也纳入生态系统中，强调文化因素对个体思想、价值、信仰和规范的影响作用。

美国学者劳伦斯·克雷明（Lawrence A. Cremin）于20世纪70年代率先跨越教育学和生态学两大学科，提出了教育生态学（educational ecology）概念，研究教育与其周围生态环境，包括自然环境因子、社会环境因子、规范环境因子、生理心理因子等之间相互作用的规律和机理。[②] 自克雷明之后，对于教育生态学的研究大

---

① 范国睿.教育生态学[M].北京：人民教育出版社，2000.
② 吴鼎福，诸文蔚.教育生态学[M].南京：江苏教育出版社，2000.

概分为两类：一类是强调教育生态系统的研究，也就是关注"教育过程的多渠道、多样化特征，多类型、多层次结构，教育的目的性和非目的性，以及教育的情境范围和复杂性"①；另一类是关注教育系统与生态环境的协调发展。就教师群体的职业特征和工作场域而言，本研究更强调教育生态学的第一类基本观点。

在第一类教育生态学观点下，仍存在至少两类相互关联、相互依存的生态系统：一种是宏观的教育生态系统，包含生态环境、输入、转换和输出四大关键环节；另一种是微观的教育生态系统，它可能细致到课堂、课程、评价等教育教学活动和空间。二者协调发展，共同发挥生态功能。②

（二）人类发展生态系统理论的内涵与要素

与克雷明同期，人文主义心理学正在盛行，美国学者尤里·布朗芬布伦纳（Urie Bronfenbrenner）在发展心理学领域里提出了关于个体发展的生态系统理论（ecological systems theory）。他对克雷明等学者的观点进行了更为深层次的心理认知思考。他指出，"环境中事件对个体发展的影响最直接和最有效力的是那些个体亲身参与或亲眼所见的"③。也就是说，个体所在的各类环境系统逐渐形成了个体成长的心理机制和外在表现。

布朗芬布伦纳的人类发展生态系统理论认为，影响个体发展的社会和文化环境是一个嵌套结构，个体发展首先是在一个微观系统中进行的，这个微观系统包含于中间系统，中间系统又嵌入外部系统；这三个系统都是宏观系统中的一部分；此外，个体的所有发展都发生在特定的时间段，也就是历时系统中。

微观系统（microsystem）是指个体发展过程中与即时环境之间的关系，即直接体验的活动、角色等，如教师进入教育职业后的认同感。中间系统（mesosystem）是指个体所处的两个或两个以上微观系统要素之间的关系。每当个体进入一个新情境，就会有这种新的中介关系形成，如教师在学校与同事之间的关系。外部系统（exosystem）是指个体不主动或不直接接触或参与，但对个体产生直接影响的情境系统，如来自学生家长的期待与要求。宏观系统（macrosystem）是指整个社会环境、文化传统、伦理观念、生活习惯、意识形态等文化或亚文化对个体发展的

---

① 郑晓锋.克雷明教育生态学理论[J].新课程（教育学术），2010,（3）：56-57.
② 邓小泉，杜成宪.教育生态学研究二十年[J].教育理论与实践，2009（5）：12-16.
③ ［美］尤里·布朗芬布伦纳.人类发展生态学[M].曾淑贤，刘凯，陈淑芳，译.台北：心理出版社，2010.

深层次影响，如中国传统文化尊师重教、对教育和教师高期待的观念。历时系统（chronosystem）是指贯穿上述四大系统中，伴随着个体成长发展的每一个时间历程，并与所处环境不断适应、彼此塑造和再塑造的系统，如教师伴随着教龄和职称等的提升而产生的教学经验、教学态度和教学风格的变化。[①]

二、从教育生态视角理解教师发展

（一）教师专业发展具有内在生长需求

亚伯拉罕·马斯洛（Abraham H. Maslow）指出，"人是一种不断需求的动物""一个欲望满足后，另一个迅速出现并取代它的位置"[②]。这种不断生长的动力也存在于教师专业发展的过程中。对教师而言，当他处于不同发展阶段时，他的内在需求也在不断变化着，个体微观系统内部体验与即时环境相互作用结果所形成的内在需求，也正是教师追求专业发展的最核心力量。

表2-1　马斯洛需要层次理论与教师发展阶段之间的关系

马斯洛需要层次	教师发展阶段	身份发展的需求问题、任务和关注点
生存需求阶段	0—5年	需求问题：学校环境和文化如何？如何教？需要掌握哪些学科知识？如何做好课堂管理？担心的特殊需求：学生想法和需求，有效的评价。 任务：教学生存，找到适合的教学模式，站稳讲台。 关注点：职业理解，自我关注，教学的基础层面，如教学规范、内容的把控。
安全需求阶段	6—10年	需求问题：有效的教学技术有哪些？学科知识与学生的背景如何结合？担心的特殊需求：学生临场表现及教学的熟练和从容应对。 任务：建立职业安全感，掌握基本的教学技术和学生有效沟通的方法，快速成长。 关注点：职业理解，自我关注。通过事前各种精心准备，建立或找到自己的教学安全区。一旦构建了教学的基本框架，就会感到安全了，不再害怕教学，从不会到会，从会到熟练驾驭、从容面对。

---

① 孙彩霞，李子建．教师情绪的形成：生态学的视角［J］．全球教育展望，2014（7）：67-75.
② ［美］亚伯拉罕·马斯洛．动机与人格［M］．许金声，等译．北京：中国人民大学出版社，2017.

（续表）

马斯洛需要层次	教师发展阶段	身份发展的需求问题、任务和关注点
归属与爱的阶段	11—15 年	需求问题：如何在团体中找到自己的位置和归属？怎样完成从自我关注到关注学生的转变？ 任务：找到归属感和爱，一方面是职业的认同和归属；另一方面是对学生的了解和把握。 关注点：职业认同。从关注自我向关注学生的需求转变，包括课外的内容和教学过程。同时扩展视野，关注其他学科教学实践，学生也是很有价值的反馈伙伴。
自尊阶段	16—20 年	需求问题：怎么样扩大在教育教学或学科领域的知名度、话语权和影响力？自尊如何得到满足？ 任务：通过把个人发展与事业发展相结合，扩大自己的影响力，被更多的人了解，让自身价值彰显。 关注点：职业信念。更深入关注学生，以学生为中心，意识到自身对学生的影响，并以此为出发点，尽力做好教学，扩大辐射，塑造一个值得尊重的积极的个人风格和形象。比如，利用自己的影响力来鼓励学生规划自己的生涯，进一步深造。
自我价值实现阶段	20 年以上	需求问题：如何在个人风格的基础上，在学科发展前沿和教育教学等方面形成自己的见解和思想？ 任务：形成自己的教育智慧，成为学生的榜样。 关注点：教育智慧，学生榜样。关注持续的进步，教学会有顶峰，但也要持续性地去探寻教学能力的提升，并且能够正面思考教育发展的未来，改革创新，引领发展。

通过将马斯洛的需求层次结构与人类发展生态系统中的微观系统和历时系统相结合，透视教师的专业成长，可以发现教师在入职初期的需求多停留在生存需求和安全需求层面，要保证自己的收入和工作条件能够满足自己的生活，要确保自己的工作表现能够满足学校管理和考核制度的基本要求。因此，这一阶段的教师最重要的是学会如何教学和站稳讲台。

随着教龄的增长，教师的教学经验不断累积，在教育教学过程中遇到的各类复杂问题增多的同时，还掌握了一定的应对策略和办法。这时，很多成长期的教师已经不再满足于基本的安全需求，而是渴望在备课组、教研组、其他研修和学习共同体中发出自己的声音，表达自己的思考，在结群行动中得到同事和朋友之间的信任和友爱。

在社交需求获得满足的基础上，教师们会希望自己的工作能够得到他人的认可，获得相应的地位、名誉和尊重等。更有一部分教师需要抒发对自尊、自重和自信的情感与欲望，使他人看到自己对教育教学的胜任与价值。还有一些教师会有更强烈的创造欲望和成就需要，期待通过发挥自身的智慧，来挖掘自身的潜能，进而获得献身教育事业的自我实现。

对每个教师而言，他们的生存需求、安全需求、归属需求、尊重需求和自我实现需求并非按照一定序列化或者固定的程度排列组合，而且满足程度和满足作用也是非常个性化的。这些内在生长需求的先决条件就是教师个体内在状态的发生、控制与表达。

（二）教师专业发展依赖外部生态支持

人的发展很难孤立发生，需要在一个或一个以上情境中完成。教师专业发展亦是如此。单从微观系统或历时系统来看，教师的发展强调内部一致性或者同一适应性的整体观，可能存在一定的局限性。希曼斯基（Edna M. Szymanski）对职业发展的研究发现，生活广度、生活空间、发展历程中的"转衔"等都是生涯发展过程中不可或缺的部分，社会化过程成为每个人生涯发展的基本条件。[①]

教师专业成长可以体现这种社会化过程，尤其是个人职业发展生涯中的每个转衔以及所处情境的复杂性、关联性和差异性，反映在专业发展活动、专业发展角色、专业发展内容、专业发展互动等多元化范围和程度上。此时，外部生态的影响尤为重要。家庭、朋友等教育教学工作外的群体是最贴近教师生活的情感依托，而学生的信任、同事的互助、带教师傅的引导和学校领导的关怀等则是最贴近教师专业活动的支持力量。此外，社会文化、制度习俗、时代特征和改革发展方向引领着教师的专业发展。

这些来自中观、宏观层面的外部要素都影响着教师的行为选择，如接受师范教育、参加入职培训、寻求在职发展。不仅从基准、规范、原则、变革等角度提出教师专业发展的行为准则和目标要求，同时也为教师提供适应实践、落实实践和创新实践的情境空间，为教师的专业提升提供广阔的事业和贮满时代特色的准备。[②]

---

① Szymanski E M. Transition: Life-span and life-space considerations for empowerment [J]. Exceptional Children, 1994（5）: 402-410.

② 王晓莉，张世娇. 社会生态系统理论下新手教师韧性发展机制研究 [J]. 教师发展研究，2018（2）: 67-74.

（三）教师专业发展需要个体与环境的互动

教育生态系统的运行作用于教师教育活动密切相关的主体和环境之间。其中包含至少两类关系：一类是教师生存的微观、中观和宏观环境系统处于相互影响和相互作用的情境中，属于外部生态支持的范畴，提供教育生态系统运作的组件；另一类是教师个体在与生态系统中的多元主体以及各层级环境或情境之间的互动，这是将整个系统有效启动和运作的联动元件。①

教师专业发展的潜能除了内在需求驱动和外部环境支持外，还取决于他们在教育生态系统中发生的角色、活动和关系。布朗芬布伦纳指出，人类社会里强有力地产生发展轨迹效力的环境主要有三：家庭、工作场所和同侪团体。②

首先，家庭的支持对很多中小学教师来说在胜任力效能、工作满意度、劳动情绪和职业倦怠等方面具有中介调节作用。有研究表明，具有"工作对家庭促进"倾向的个体，往往对工作具有较强的满意度，可以从多重角色的卷入中获得积极收益，进而提高工作绩效和工作的正性情感。③

其次，学校环境是教师专业发展的关键支持与保障。学校环境不仅意味着实际存在的物理环境，还包括制度环境、文化环境、人际环境等。教师个体对学校环境认知所产生的影响较为复杂，不仅可以在物理层面给予教师生理关怀，提供发展的"物质场"，还可以从文化、团队、合作等角度激发教师的发展动机和行为关系，成为教师成长的"意识场"和"行为场"。

在学校环境中，同侪合作是破除封闭教学样态的利刃之一，可以促进教师身份的形成与认同，提升教师的专业归属感和获得感，激发其专业上创新与创造的潜能。教师同侪之间形成的学习与实践共同体，实际上也是在营造一种互惠共生的环境，使教师从封闭的个人心灵走向开放的对话与分享。在参与共同体活动的过程中，教师也被赋予了一个新的角色，就是要成为个体与环境互动、个体与群

---

① 师海玲，范燕宁.社会生态系统理论阐释下的人类行为与社会环境——2004年查尔斯·扎斯特罗关于人类行为与社会环境的新探讨[J].首都师范大学学报（社会科学版），2005（4）：94-97.

② ［美］尤里·布朗芬布伦纳.人类发展生态学[M].曾淑贤，刘凯，陈淑芳，译.台北：心理出版社，2010：331.

③ 曾练平，杨忠萍，何明远，等.中小学教师工作—家庭促进与工作态度：社会支持的调节作用[J].贵州师范大学学报（自然科学版），2017（1）：103-108.

体互动的调和者，促进实践与意义之间的融合、协商与转化。

三、基于教育生态的教师评价的意义

基于教育生态系统架构教师评价体系，是超越教师个体行为，同时又在包含教师个体的直接环境与间接环境中，将发展与评价相连接的价值形态和制度结构。如果说教师评价是教师专业发展的风向标，那么教育生态系统就像是一个含有调节变量的中介模型，影响着以评价促发展的评价功能的真实发生。

（一）联动考核打破教师评价的内卷化影响

当今社会，教育工作者是知识劳动力的主力军之一，但是为了提高教育教学的工作效率，教师从入职之前的培养到职后的培训、晋升、考核和评价都越来越趋近统一的规模和框架。

当教育系统中教师评价的文化和模式达到既定程度和形态时，大多数教师都在按照所谓的评价标准竭力保持稳定状态，难以根据自身的特长和偏好去自我更新到其他形态，于是只能不断地在内部进行自我复制，或者以看似"精细化的动态"实则"停滞"的发展状态去应对各类评价。

很多教师在专业发展过程中会遭遇"有增长而无发展"的内卷化状态，在统一建制的教师评价框架下，教师个体内部发展结构和外部评价制度的创新难以发生；教师的专业发展存在职称、职务晋升的惯性路径依赖；教师获得一定的职称或职务后，便失去了进一步发展的目标定位，无法实现自我突破而停滞不前。[①]

因此，基于教育生态系统设计教师评价体系，可以有效联动不同教育环境中的主体，将教师从封闭、固定的评价条目锁定状态中解放出来，更多地关注自我成长和自我发展需求，关注学生所处的个性化情境，关注社会生活对教育需求的变化等，找到不同生态环境中不同评价主体的效应量，实现教师通过对不同类型评价结果数据的分析，以改进教育教学品质的目标。

（二）系统评价打破教师评价唯指标化瓶颈

传统教师评价的评价对象较为单一，多仅局限于教师群体，教师教育教学的见证者、教师教育成果的亲历者很少被纳入评价对象中，来印证教师教育教学实

---

① 朱文辉.学术治理的内卷化：内涵表征、生成机理与破解之道［J］.高等教育研究，2020（6）：26-33.

效。而且评价的内容比较窄化，总是以方便测量的内容作为根本的框架和标准，如教学工作量、开公开课数量、发表论文的数量。

明确的评价指标固然是教师队伍建设和有效管理的保障方式，但很多指标尚不足以客观地呈现教师对教育教学事业的情感、态度，也无法将教师所面临的学生情况、学校情况等纳入考量的范畴，所以，此时生成的教师教育教学质量数据无法真实反映学校情境和教学实际。

教师的教育教学活动是一个动态的、多维度的活动，因此对教师的评价也应该是动态的、多维的，需要结合教师所处的微观环境、中观环境、宏观环境等进行系统设计。在尽可能获得更为全面、客观的数据信息的同时，还要重视教师自我评价、教师教学过程中的生成性评价、教师的人格特质、教师所处环境的状态等非认知层面的间接指标。评价内容的多样化和丰富化，将引导教师专业发展向顺应整体标准和个体需求兼顾平衡的方向转变。

（三）螺旋发展打破教师评价的割裂性阻碍

如今，教师评价已经成为影响教师职业发展的关键要素之一，教师评价的功能不仅要能够分析出教师的优势所在和发展需求，还必须在此基础上对教师给予反馈。

反馈与改进是构建教育生态视角下教师评价体系的重要环节。生态视域关注教师本体性，强调从教师的生命成长角度和职业发展进程角度来思考教师评价，对教师发展有可持续性推动作用。这反映生态系统"整体思维"基础上的"历时思维"，用历时性将评价反馈的功能与不同环境场域有机融合，抓住教师发展"转衔""转化"的契机，强调教师对自我生命、自我成长的觉察。[①]

无论是规范性评价、诊断性评价，还是激励性评价，都可以很好地以文本或者事件的形式，捕捉教师的教育教学行为以及教育教学态度与能力，但是"事件"往往是割裂的、即时的，只有动态地作用于教师，使教师的行为发生转变，才是从真正意义上全面实现教师评价的功能。因此，在历时与共时兼备的生态系统下，构建教师评价体系，正是对教师螺旋向上发展规律的发掘，体察教师在过去、现在和未来的教学、学习、反思和变革中的自我价值觉醒、自我提升转变和自我实现追求。

---

① 王牧华，李若一.教师专业发展的生态视域：思维转向与视角转换［J］.教师发展研究，2018（1）：48-56.

第三章

政策视角下的教师评价 [①]

为了解读全国教师评价在政策层面的特点及概念语义网络的基本情况,我们选择省域层面的教师评价政策文本、文本语义网络等方面展开分析,最后在此基础上提出关于教师评价政策的启示与建议。

第一节　政策文本中的教师评价

一、抽样方法及样本介绍

自中华人民共和国成立以来,国家层面教师评价政策文本和机制制度在不同阶段呈现如下特点:中华人民共和国成立至改革开放前,教师评价凸显思想政治素质和业务素质,内容多以教学以外因素为主,评价方式以定性评价为主;改革开放以来,教师评价逐渐走向规范化、法治化和标准化,国家层面相继出台了若干重要的指导性文件,强化了国家在教师评价中的引导性地位,考核评价的内容回归师德师风和教育教学质量等本质要求,评价主体和方式日趋多元,分类评价和评聘分离等理念得以实施。

为进一步了解各地方教育行政部门对国家层面教师评价政策的执行与落实情况,本章对我国省域层面的教师评价政策进行了文本分析。课题组以 2000 年以来省级行政区域层面的教师评价政策文本为研究对象,采用方便抽样的方法,在各省

[①] 本章部分内容已在《教师教育研究》上发表过。〔郭婧,杨洁,李永智.我国教师评价政策的回顾与前瞻——基于 2000—2019 年省城层面教师评价政策文本的分析[J].教师教育研究,2021(2):9-16.〕

级教育主管部门官方网站上检索教师评价、评审、选拔、考核、表彰、管理等政策文本。截至 2019 年 12 月,共在 26 个省市自治区教育主管部门官网上查找到主动公开的相关政策文本 141 份。(见图 3-1)

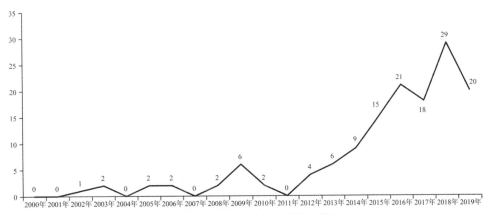

图 3-1 样本政策的年度增长折线图

这些政策文本可以归纳为师德师风考核、人才遴选与培养、单列的特级教师评审①、职称评审、绩效考核和其他六大类别。其中,人才遴选与培养占到 38.0%,特级教师评审占到 20.0%。此外,省域层面对教师职称评审(16.0%)和师德师风考核(14.0%)也有较多规范性的政策要求。(见图 3-2)

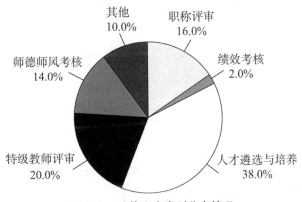

图 3-2 政策文本类别分布情况

---

① 特级教师评审是人才遴选与培养的重要形式之一,鉴于此类文件数量较多,影响较大,故单列计算。

重庆、吉林、江西、河南等省市在人才遴选与培养方面主动公开的政策文本较多。湖南、湖北和山西这三个省份在师德师风考核方面的工作启动较早,主动公开的政策文本也较多。

二、政策文本的关键词提取分析

在对检索到的政策文本进行语料处理时,首先,采用 Python 和 HyConc 软件对文本进行词频统计和高频词抓取;其次,开展词频的人工校对,形成 6 078 个词条的教育评价政策语料词典;最后,将教师评价政策语料词典的内容划分为六个维度:背景信息、评价制度、评价实施、评价内容、评价主体、评价结果与应用,并分别形成六个分维度词典。在分维度词典中,评价内容和评价实施词典的词条数目最多,可见省域层面的文件多将教师评价工作落在实处,注重评价具体内容和评价实施方法的阐述。

表 3–1　分维度词典词条数量

维度	背景信息	评价制度	评价实施	评价内容	评价主体	评价结果与应用
词条数	280	315	1050	3614	365	454

在 Python 软件中利用分维度词典,对政策文本进行词频分析。由于 141 份政策文本的体例、主题和内容等趋同性较高,将不同阶段、不同类型政策文本排序靠前的高频词进行比较,很难看出非常高的区分度。因为本研究并非单纯检测政策文本中的词频数量,而是关注教师评价政策的现状呈现,为后续赴各省市进行实证调研的工具设计提供一定的材料基础,所以本研究根据分维度词典,梳理教师评价的一些已有做法和基本特征。

(一)背景信息

省域层面教师评价的政策文本中,背景信息维度的分词主要是评价对象的基本信息、评价或考核给予的荣誉或称号等。除了职称评审的文件外,大多数的评价对象并非涉及每一位中小学教师,而是多指向教育教学成果显著、表现卓越、贡献突出、已具有一定示范辐射影响、具有成长为教学名师名家发展潜力的教师群体,因而在这个维度的词条中,呈现最多的就是评价对象可划分的类型,具体如下。

(1)有先锋示范特征的,如好教师、教书育人楷模、教育人才、教育工作者、师德标兵、育人模范、模范教师、最美教师、十佳教师、先进教师、特级教师、未来教育家。

（2）有专业水平特征的，如拔尖人才、领军人才、教学名师、教学专家、教学能手、教学骨干、骨干教师、学科带头人、教研员、指导教师。

（3）有特殊贡献特征的，如乡村教师、农村教师、支教教师、边远地区教师、特岗教师、优秀班主任。

（4）有管理职务特征的，如校长、书记、院长、副职校领导、副校级干部、教育管理干部、管理人才。

（二）评价制度

省域教师评价政策文本的一大特征就是紧密围绕中央工作部署，深入落实中央政策方针。因此，在这些政策文本中，经常会提到党的十八大、十九大、全国教育大会的会议精神，将邓小平理论、科学发展观、习近平总书记系列重要讲话精神等作为指导思想；将《中华人民共和国教育法》《中华人民共和国教师法》《中华人民共和国义务教育法》《关于加强教师队伍建设的意见》《关于深化人才发展体制机制改革的意见》《关于深化中小学教师职称制度改革的指导意见》《乡村教师支持计划（2015—2020年）》《关于全面深化新时代教师队伍建设改革的意见》等作为制定省域层面政策文本的制度基础和改革方向。

此外，在师德师风建设方面，各省还将《关于建立健全中小学师德建设长效机制的意见》《中小学教师违反职业道德行为处理办法（2018年修订）》《严禁教师违规收受学生及家长礼品礼金等行为的规定》《严禁中小学校和在职中小学教师有偿补课的规定》《新时代中小学教师职业行为十项准则》作为师德师风长效机制建设的基础，并依次列举教师职业道德行为负面清单等。

（三）评价实施

评价实施的实质是从操作的角度看教师评价工作的过程，它可以包含评价的原则与标准、评价的方式与方法、评价的组织与管理等维度。

（1）关于评价的原则与标准，提到较多的是推进各类教师评价工作的常规性、常态化、定时定点、定期组织、属地化管理等；最常见的评价原则包括自愿、公开、公平、公正、程序透明、阳光操作、优中选优、动静结合、差额评选、等额补选、一票否决、取消一聘定终身等。

（2）关于评价的方式与方法，主要强调集阶段性测试、表现性评价、过程性评价、发展性评价、综合性督导等于一体的综合性评价和多元化评价。评价方法包括教师自荐、单位推荐、资格审查、单位考核、师德承诺、师德评议、专家面谈、现场教学、现场述职答辩、学术性审查、推门听课、专家评议、学科组评议、同行评审、能力评定、文化考核、学科测试、心理测试、日常考核、业绩认定、中期考核、年度考评、民主评测、绩效评估、量化评分、学生评议、家长评议、社会监督等。

（3）关于评价的组织与管理，强调的是评价主体在实施评价过程中的一些做法，比如：在评价工作开展前，要做好评价名额的比例控制、指标划分、组织动员、统筹协调等工作；在评价过程中，要做好调查摸底、征求意见、建立档案、核准备案、分类评价、分级负责、放管结合、坚持标准、质量监控、质量分析、全程监督、破格推荐、跟踪培养等工作；在对评价主体的管理方面，做好严肃纪律、党政同责、权责对等等工作，并且坚持落实公示制度、通报制度、回避制度、约束机制、责任追究制度等组织纪律制度。

（四）评价内容

评价内容是教师评价的重中之重，它的词条数量占到总词库词条数量的59.5%。评价内容的词条至少可以分为以下十大类别，见表3-2。

表3-2　教师评价内容的十大类别

序号	内容类别	内容特征	关键词列举
1	师德师风	关注教师的理想信念、道德品质、个人修养、职业认同、育德意识和育德能力等	精神境界、道德情操、立德树人、行为世范、廉洁奉公、献身教育、爱岗敬业、德业并重、热爱学生、保护学生、师德素养、政治素养等
			负面清单，如损害国家利益、损害学生利益、索要、谋取、收受贿赂、身心伤害、恶意体罚、三乱、六禁止、十不准等
2	教育理念	关注教师在教育教学活动中形成的理性认识、价值取向和理论素养等	以生为本、儿童观、学生观、教育观、发展愿景、时代需求、育人文化、教师文化、教书育人、教育创新、教育情怀、教育理论素养等

（续表）

序号	内容类别	内容特征	关键词列举
3	基本信息	关注教师职称、职务、资历和一些基础性素养等	学历、资历、资格、外语水平、计算机水平、信息技术、职称等级、普通话、教师资格证等
4	教学能力	关注教师完成教育教学活动的方式、方法以及考查教学效果的形式等	教学大纲、教学风格、教材教法、教材理解、教学改进、教学基本功、教学经验、教学模式、教学质量、教学艺术、公开课、家常课、汇报展示、课程视频录像等
5	专业知识	关注教师的学科专业素养、科学文化知识以及教育形态相关的条件性知识和实践性知识等	学科认识、学科前沿、学科标准、学科实践、学科素养、科学知识、通用知识、课程标准、课程纲要、课程设计、课程实施、课程文化、教育学知识、心理学知识等
6	学生知识	关注教师理解和引导学生所必备的与学生成长相关的知识	成长规律、认知规律、年龄特点、兴趣特长、行为习惯、核心素养、学习能力、个体差异、学生表现、学生成绩、知识学习程度、特殊学生、家庭环境、家长、家校共育等
7	教研科研	关注教师进行教研和科研的能力水平	教研活动、教科研能力、学术权利、学术素质、学术资源、专著、论文、教材编写、主持课题、教学成果奖等
8	专业发展	关注教师在职发展和培训研修相关的内容	继续教育、培训、学分、荣誉称号、教师成长档案、工作反思、跟岗学习、专业引领、带教、指导青年教师、教师发展共同体、教师专业标准、校本研修等
9	管理能力	关注教师管理班级和参与学校管理的能力水平	班级管理、班级建设、班级成绩、班风学风、环境创设、办学、工作业绩、工作格局、领导力、"双肩挑"等
10	社会服务	关注教师社会服务的责任精神、实践效益与效果影响	结合本地实际、扶贫、扶助、服务社会、服务乡村、对口支援、支教送教、志愿服务、热心公益、社区服务、社会反响等

（五）评价主体

在教师评价的各个流程中，不同主体的角色作用各不相同。各省市自治区教师评价工作多成立教师评价工作领导小组，以此作为工作部署的总指挥。各省市自治区教师评价的发布、召集与组织工作多以各省市自治区教育行政主管部门的师资处、人事处和办公室为主，由于涉及激励奖励工作，各省自治区人社部门、财政部门、文化部门等也会予以密切配合。师资处或人事处会组织成立评审专家委员会，负责评价评审。

此外，各省市自治区的教育评估院、督导室、教育工委、教育工会、区县教育主管部门、教师进修学校、教育学院、基层学校、教研组、学科组、教师代表、学生代表、家长代表或家委会、社区、街道等都会在教师评价工作中承担相应职责。评价权力单位及相关评价主体的专业性表征并不凸显。

（六）评价结果与应用

教师评价的结果主要应用于以下两方面：一是正向结果多用于表彰奖励、职称晋升、岗位调动、提供培训机会等，而且很多政策文本中都提到了要大力借用多元化新媒体，宣传、推广、传播教师的先进事迹；二是负向结果多用于教师因违反职业行为规定，而给予通报、撤销、调离、停聘、停职、退出等处理。

第二节　政策语义中的教师评价

本文综合使用 ROSTCM6.0 软件和 R 语言软件进行文本挖掘和语义网络分析。在 ROSTCM6.0 中，依次选择"提取高频词""过滤无意义词""提取行为特征""功能性分析"，直至启动"社会网络和语义分析"，进而对政策文本进行语义网络分析，再用 R 语言绘制语义网络图谱。在语义网络图谱中，不同灰度的圆圈代表该词语来自不同维度词典；圆圈的大小代表对应词语的词频高低，即词语出现的总次数，圆圈越大说明词频越高。

一、不同类别政策文本的语义网络分析

将政策文本分为师德师风考核、职称评审、绩效考核、人才遴选与培养、特级教师评审、其他六大类别，对其进行语义网络分析，并尝试挖掘不同类别政策文本在背景信息、评价制度、评价实施、评价内容、评价主体、评价结果与应用上呈

现的特点。

（一）师德师风考核相关政策特点

当前，对教师师德师风的考核评价主要指向两方面的制度目标：一是师德长效机制的建设与健全；二是教师职业行为的引导与规范。评价内容上重点考察教师职业道德、职业规范和职业行为。评价主体不仅以教育行政部门为主，还出现了来自"社会"的监督力量。对应师德师风考核工作的目标，其评价结果与应用也着重指向两点：一是对师德的引导与培养，弘扬优秀师德师风事迹，营造重德养德的良好氛围；二是对师德的改进与惩处，防止和遏制师德失范行为的发生和蔓延。

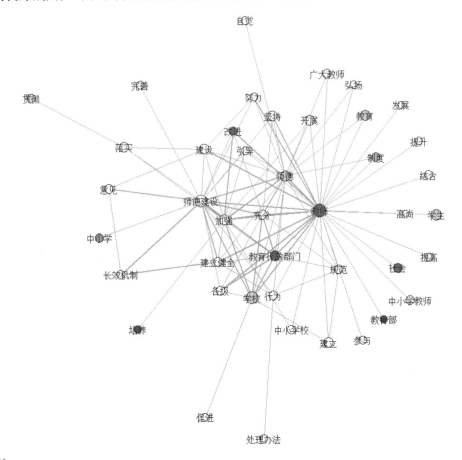

注：
① 背景信息维度包含的字段：中小学；② 评价制度维度包含的字段：制度；③ 评价内容维度包含的字段：贯彻、教育、师德、学生、学校；④ 评价主体维度包含的字段：教师、教育行政部门、教育部、社会；⑤ 评价结果与应用维度包含的字段：培养、改进。

图 3-3　师德师风考核相关政策文本的语义网络图

（二）职称评审相关政策特点

教师职称评审工作体现为一种人力资源和社会保障机制，强调建立健全"统一"的中小学、幼儿园教师职称"制度"体系，而且在基础教育领域开设了与高校教授同级别的"正高级教师"职称，鼓励一批教育家型教师脱颖而出。职称评审工作实施方面，强调中学和小学教师职称的统一性和平稳过渡，注重申报和评审的程序规范。职称评审内容方面，集中表现在"学校""教育教学""学科"等关键词上。其中，也包含对一定"成果"的要求，倾向"重能力""重业绩"，但一些省份职称评审相关文本中提到的"重师德"并没有在语义网络中出现。职称评审通常由人力资源和社会保障部门以及教育行政部门组织成立评委会（评审委员会），并且建立评审专家责任制，不过在语义网络中没有出现"委员会"等关键词。从职称评审的应用来看，主要用于教师岗位晋升。

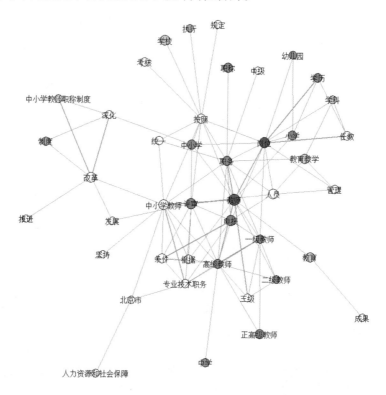

注：
①背景信息维度包含的字段：职称、幼儿园、学历、中小学、小学、一级教师、二级教师、高级教师、正高级教师、中学、职务；②评价制度维度包含的字段：执行、制度；③评价实施维度包含的字段：评审、申报；④评价内容维度包含的字段：学校、学科、教育、教育教学；⑤评价主体维度包含的字段：教师；⑥评价结果与应用维度包含的字段：岗位。

图3-4 职称评审相关政策文本的语义网络图

（三）绩效考核相关政策特点

绩效考核工作作为教育事业和教师队伍建设的激励奖励机制，强调行政部门和学校对教职工的考核和管理。教师的日常教学表现和全面实施素质教育的情况是绩效考核的重要内容。对学校的绩效考核集中体现在教育行政部门和区县教育主管部门的职责中，而校长、学校主管则是对教职工进行绩效考核的最关键主体，这与绩效考核结果的应用息息相关。绩效考核的结果直指绩效工资的分配与发放。学校的校长和校内考核部门最能够了解一线教师在承担教书育人、提高学生综合素质、承担教育改革发展任务中的投入程度，进而按照多劳多得、优绩优酬等原则制定绩效工资方案，形成行之有效的教师激励机制。

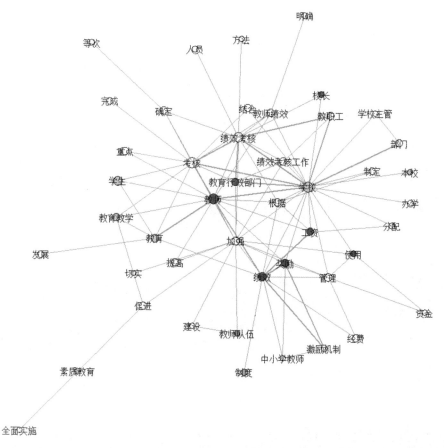

注：
① 背景信息维度包含的字段：教师队伍；② 评价制度维度包含的字段：制度；③ 评价内容维度包含的字段：学生、学校、本校、教育教学、教育；④ 评价主体维度包含的字段：教育行政部门、校长、教师；⑤ 评价结果与应用维度包含的字段：工资、奖励、绩效、使用。

图 3-5　绩效考核相关政策文本的语义网络图

（四）人才遴选与培养相关政策特点

优秀人才遴选与培养是以评促发展的人才队伍建设机制策略之一。评价的对象是在教育教学上有卓越成果的骨干教师、学科带头人、名师等。无论是中小学、幼儿园，还是中职学校，都非常重视学科带头人、骨干教师、名师的选拔培养。评价内容上突出强调教育教学、科研能力（如论文和课题情况）。评价主体包括教育行政部门、专家等。在评价结果与应用上，着重体现在发挥名优教师的示范影响作用上。很多省份通过为名优教师建立工作室的方式，鼓励名优教师引领一个学术共同体的发展，通过"传帮带"的方式，来实现教育教学思想、智慧和成果的推广与辐射。

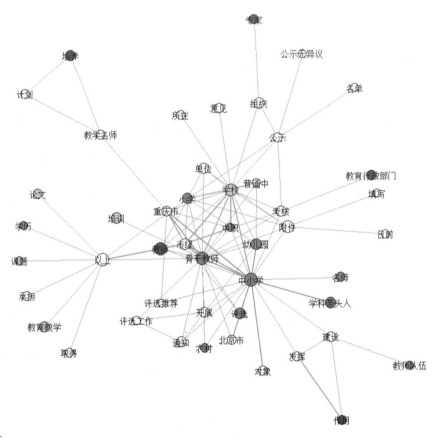

注：
① 背景信息维度包含的字段：幼儿园、小学、中小学、中职、骨干教师、学科带头人、名师、农村、教师队伍、学历；② 评价实施维度包含的字段：评选；③ 评价内容维度包含的字段：教育教学、论文、培训、学校、课题；④评价主体维度包含的字段：教师、专家、教育行政部门；⑤ 评价结果与应用维度包含的字段：培养。

图 3-6　人才遴选与培养相关政策文本的语义网络图

（五）特级教师评审相关政策特点

特级教师是优秀教育人才遴选过程中的典型代表，也是公认的最能体现教师专业水平的荣誉称号之一。鉴于特级教师评选与管理的相关政策文本在样本政策文本中的占比达到20.0%，故将此类政策文本从优秀人才遴选与培养政策中单列出来，考察对特级教师评价的主要特征。对特级教师进行考核评价的主要内容包括教师师德、教育精神、教育能力、学科能力、研究能力、已有称号和对其他教师的培训等。其中，教育精神、荣誉称号及获奖情况、对其他教师的培训是在优秀人才遴选与培养政策语义中没有明显体现的。评价主体以教育行政部门为主。评价结果与应用和优秀人才遴选与培养政策相一致，重在发挥特级教师在培训其他教师和教育教学智慧的示范作用上。

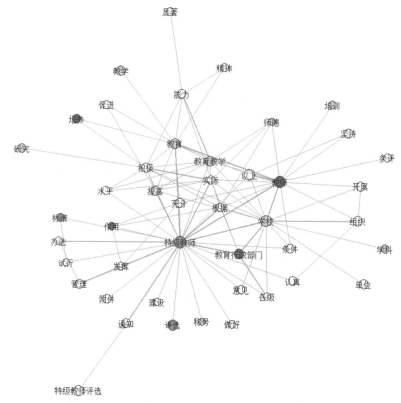

注：
①背景信息维度包含的字段：特级教师；②评价实施维度包含的字段：标准、评选；③评价内容维度包含的字段：教育、教学、教育教学、研究、师德、培训、学校、学科、称号；④评价主体维度包含的字段：教师、教育行政部门；⑤评价结果与应用维度包含的字段：培养、作用。

图3-7 特级教师评审相关政策文本的语义网络图

（六）其他类型教师评价政策相关特点

其他类型教师评价政策文本中的主题较为零散，但从语义网络图中可以看出，"落实"是语义网络中的核心节点，这体现了省域层面教师评价政策在落实中央对教师队伍建设方面的力度，以及对优秀教师人才选拔、标准与使用的决心。从评价内容来看，包括教师的教育教学能力、教育教学质量、学生成绩、论文与课题研究情况、受到表彰的情况、指导学生和其他教师的情况以及开展相关服务的情况等。其中，开展相关服务是上述其他政策文本语义网络中不曾出现的节点。从评价结果与应用来看，与前述政策相似，一方面通过遴选和奖励来激励教师的主动发展；另一方面也通过考核评价等手段，选拔出一批优秀教师，并加强对这批优秀教师的培养，使他们在更高的平台上、更广阔的空间里发挥示范引领作用。

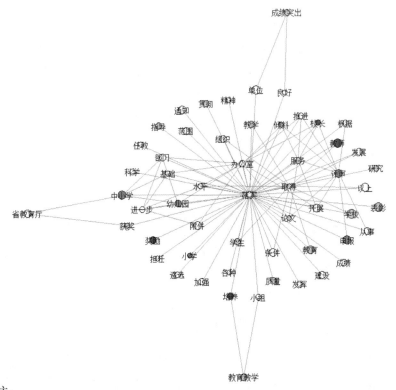

注：
① 背景信息维度包含的字段：幼儿园、小学、中小学；② 评价制度维度包含的字段：倾斜；③ 评价实施维度包含的字段：评审、申报；④ 评价内容维度包含的字段：成绩突出、指导、贯彻、教学、服务、研究、获奖、学生、论文、学校、表彰、教育、质量；⑤ 评价主体维度包含的字段：教师、校长；⑥ 评价结果与应用维度包含的字段：奖励、培养。

图3-8　其他类型教师评价相关政策文本的语义网络图

二、不同阶段政策文本的语义网络分析 [①]

从时间历程纵向将政策文本分为四个阶段，分别是 2000—2005 年、2006—2010 年、2011—2015 年和 2016—2019 年，比较四个时间段之间教师评价政策的主题变化趋势和语义网络结构变化趋势。不同阶段政策文本的总体情况如下。

第一，省域层面的政策制定与实施紧跟国家层面的制度改革要求。例如，中华人民共和国人力资源和社会保障部印发了《关于深化中小学教师职称制度改革的指导意见》，全面推进中小学教师职称制度改革。2016 年，很多省份结合实际情况，制定了具体职称制度改革实施方案，按照要求稳步推进全面改革后的首次评审和过渡工作。第二，教师评价更加注重教师的专业成长与发展。例如，近年来关于优秀人才遴选与培养的政策文本呈井喷式发展，优秀教师人才的辐射引领、骨干教师和教学名师的选拔与培养以及教师人才梯队的建设等主题成为教师评价的重点内容。第三，师德师风逐渐成为教师评价的首要内容。很多省份不断加强师德师风长效机制建设的顶层设计，加强师德师风的综合整治，出台具体的师德师风考核、表彰与惩处实施办法。第四，教师评价的对象和范畴更加广泛。例如，在"其他"类型的文本中，可以发现一些支持教师专业发展的群体正在获得遴选、培养与管理的机会，如教师培训专家的遴选、教研员的选拔与考核、教师专业标准的研制与使用等。

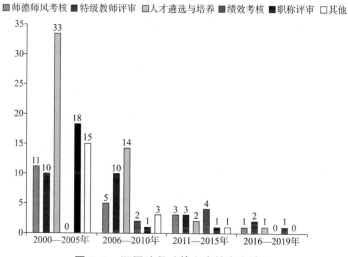

图 3-9　不同阶段政策文本的发布情况

[①] 受篇幅所限，按不同阶段和不同地区划分的政策文本语义网络图在本书中不予呈现，作省略处理。

（一）2000—2005 年政策文本的特点

从背景信息来看，2000—2005 年的教师评价政策文本聚焦特级教师的评审工作，面向的对象多为具备中学高级职称的骨干教师；评价制度在取向上主张关注教师对教育的热爱和专业的全面发展；评价实施的依据是评选标准；评价内容以教师的教育教学能力，尤其是教育教学经验、学科教学素养、教育科学研究成果、对教育改革发展的贡献等为主；评价主体是教育行政部门，如教育委员会；"评优表彰"是这一阶段评价结果与应用的主要形式。

（二）2006—2010 年政策文本的特点

从背景信息来看，2006—2010 年的政策文本主要聚焦在以教师岗位职责考核为核心的绩效考核上；评价制度在取向上强调促进学校管理，加强组织建设和思想建设；评价实施的依据以绩效考核工作办法为主；评价内容也因评价目标的明确设定而有所增加，包括学校业绩、学生素质、教师师德、教育教学能力、教学研究能力、教师培训情况等；评价主体中除了教育行政部门外，校长和教师成为教职工绩效考核的重要主体；评价结果与应用主要是加强学校管理的规范，但也存在为教师划分考核等级、等次的情况。

（三）2011—2015 年政策文本的特点

从背景信息来看，2011—2015 年的政策文本以遴选优秀教育人才为主，如骨干教师和特级教师的选拔，并且重视中学学校教师队伍建设和农村地区教师队伍建设；评价制度从取向上开始突出教师师德师风建设的重要性；评价实施的过程中，以评选、考核结果为主要依据；评价内容包括学校管理、教师师德、教师教育教学能力与行为、学生发展等；除了教育行政部门这一评价主体外，教师群体本身也在优秀人才推选的过程中起到主体作用；评价结果与应用表现为加强对教师的激励、奖励与培养，发挥骨干教师的示范作用等。

（四）2016—2019 年政策文本的特点

从背景信息来看，教师的职称评审制度改革、骨干教师和学科带头人的遴选与培养等都是这一时期的重点工作，幼儿园教师队伍建设问题也开始受到关注；评价制度在取向上也以落实执行，并深化教师专业技术职务的改革为主；评价实施强调工作程序从申报到评审、考核的规范性；评价内容包括教师的职称、职务、学历、学科任教情况、教育教学情况等；评价主体表现为专家委员会的角色作用开始凸显；评价结果与应用表现为两方面，一是从个体层面完成教师的岗位晋升，二是从整体层面发挥教师队伍建设和教师职称制度改革的积极作用。

三、不同区域政策文本的语义网络分析

自 2002 年党的十六大召开以来，我国的经济区域基本按照东部、中部、西部和东北四大地区进行划分。本研究中的 26 个样本亦按照惯例划分相应区域。其中，东北地区包括辽宁省、吉林省、黑龙江省；东部地区包括北京市、天津市、山东省、江苏省、上海市、浙江省、福建省、广东省、海南省；中部地区包括山西省、河南省、湖北省、湖南省、江西省和安徽省；西部地区包括重庆市、四川省、广西壮族自治区、贵州省、云南省、陕西省、青海省和西藏自治区。通过对四大区域的政策文本语义网络图进行比较，可以发现四大地区的政策中都非常注重骨干教师的选拔与培养，但是在政策设计与实施过程中，还是存在不同的理念导向。

（一）东北地区教师评价政策特点

东北地区的教师评价政策特点是以行政管理为导向。评价实施上注重制度的规范执行。评价内容上关注学校的考核情况、取得相应职称或称号的时间范围等。评价主体以教育行政主管部门为主。评价结果的应用目标是发挥教育管理部门对教师专业发展的激励精神和提高教师队伍建设的管理能力。

（二）东部地区教师评价政策特点

东部地区的教师评价政策特点是以师德为先为导向。与其他三大地区相比，东部地区政策文本中体现最多的评价目标是教师职称评审制度的改革和优秀教师的选拔与培养，尤其关注到幼儿园教师和农村地区教师队伍建设问题。东部地区政策文本中反映的评价内容最为全面，特别是突出了教师队伍的师德师风建设，强调师德考核的重要性，同时注重对教育教学能力、学生发展等方面的考察。评价实施以申报形式为主。评价结果多用于岗位评聘和教师队伍培养。

（三）中部地区教师评价政策特点

中部地区的教师评价政策特点是以对学科带头人、教学名师、骨干教师的遴选为导向，语义网络图中也凸显对骨干教师、学科带头人等优秀教师的评比。评价实施以"申报—评审 / 选"为主。评价内容上不仅注重学科教学、教研参与情况，还注重公开发表的论文成果和专业学习的情况。因此，中部地区也更加注重对候选人的评选推荐、材料报送、评选后的培养计划制订等方面。

（四）西部地区教师评价政策特点

西部地区的教师评价政策特点是以程序规范为导向。与中部地区相似，西部地区也是以骨干教师、学科带头人和教学名师的评选与培养为主，注重对教师任教情况、教研水平和论文等教育研究成果的考察，值得关注的是教师参与专业培训的情况被西部地区纳入评价教师的内容之一。从语义网络图中可以看出，西部地区的政策中更重视评选流程的规范性，从通知到推荐、单位意见、申报、报送、考核、评审、公示以及入选后的培养等一系列优秀教师的选拔与培养程序非常完善。

第三节　政策启示与建议

根据以上对省域层面的教师评价政策文本的分析，可以得出以下启示与建议。

一、提升教师评价机制的系统性

省域层面的教师评价政策文本均体现了深化落实党中央、国务院和教育部等中央行政部门关于教师队伍建设的工作精神与部署，做实各类考核评价工作。但从总体上看，各省市自治区主动公开的教师评价政策文本还没有形成体系化和关联性，零星散落，缺乏一定的顶层制度设计。

教师评价应是一个与教师成长阶段相呼应的连续性工作，至少应包含教师的准入评审、教师的日常工作表现考核和促进专业发展的各级各类评优晋升评价三大领域。样本中的政策文本在这三大领域上的分布极不平衡，更多的是关注具有一定教龄和教学经验的优秀教师群体的选拔与培养，对职初期教师和更多成长期教师的评价缺乏关联性和连续性。例如：几乎没有涉及教师准入评审和教师资格定期认证的主题；在日常工作表现方面，涉及少量的绩效考核评价和近些年来中央政府极力推进的师德师风建设与考核；绝大多数的政策文本都聚焦在各级各类的评优评先、职称职务晋升等方面。有必要就教师评价的各个阶段、各个环节、各类功能进行相互关联、各有侧重的系统化设计。

二、突出师德师风考核的重要性

立德树人、教书育人、言传身教等良好师德要素本应是各级各类教师评价中的第一标准。在大部分样本政策中也都提到将教师职业道德、职业修养作为考核评价的基础。但是从政策文本的语义网络分析结果来看，除了师德师风建设与管理类文本和特级教师评选与管理类文本中明确显示了"师德"节点及其与其他节点的关联关系外，其他类型的政策文本语义网络中都没有发现"师德"节点。从各大地区的政策文本比较中也可以发现，只有在东部地区政策文本中凸显了师德师风建设的重要性。可见，在师德师风的考察上，一定要避免空喊口号、流于形式的风险。

在各类教师评价工作中，有必要进一步强调教师职业道德和个人修养的重要意义，通过师德师风的建设与考核，提升教师的职业理想与信念，加强教师的职业修养，规范教师的职业行为。在具体操作上，要实行师德承诺制度和入职宣誓制度，建立个人师德档案制度，落实师德负面清单制度，健全师德舆情快速反应机制，建立违反师德行为的惩处机制，完善师德表彰奖励机制，建立师德教育课程体系等。更为重要的是，要坚持将师德师风建设与考核作为其他各级各类教师评价的基础性内容。无论是教师入职评审、日常工作考核，还是绩优晋升评审，都要运用已获得的师德师风考核数据，严把教师师德关，提升教师的师德境界。

三、探索评价内容的效能性

在关键词提取过程中，笔者发现关于评价内容的词条占到词库所有词条的近60.0%，但是从政策文本的语义网络图中可见，评价内容基本指向教育教学能力、学科教研能力、教学科研能力和示范引领作用四大领域。很多政策文本中提到了学生健康成长和学业发展，但是在语义网络图中往往出现"学生"节点，却很难具体表述出评价教师时需要采集的学生相关的数据信息内容。可见，教师评价的本源，即提升教育教学质量、促进学生全面发展、实现教育优质公平发展的价值取向表现尚存在欠缺。

不同阶段政策文本的语义网络图变化显示：尽管各阶段教师评价的重点在不断发生变化，但是"教学""学科""教育教学"始终作为重要的节点出现在语义网络图中，并且与"教师""学校""考核"等核心节点保持直接、紧密的联系。可见，教师的教学能力和教育素养是教师评价的核心内容，是有效落实教育教学活动、实现教育教学效能的重中之重。

四、扩大评价对象的覆盖性

省域层面政策的选拔功能大于诊断和改进功能，主要目标是将优秀的教育人才挑选出来。因此，政策文本中的评价对象多为骨干教师、学科带头人、教学名师等，这显示出省域层面的教师评价重视教师人才的梯队建设和名师教育教学智慧的提炼与传播。

但是，这些政策文本中都注重高端教师的评选与培养，缺少对职初期教师、成长过程中遭遇瓶颈期的中青年教师的关注。因此，有必要进一步扩大评价对象的群体。不仅要在职初期和成长期教师中开展职称评审和绩效考核，还要帮助这些教师群体参与发展性考核评价的项目，形成评价对象群体类型的全覆盖和评价对象群体专业发展过程的全覆盖。

五、丰富评价主体的参与性

教育行政管理部门、评审专家委员会、学校和校长是政策文本语义网络图中出现最多的评价主体，除此之外，在师德考核中还出现了"学生"和"社会"节点。政策文本分类别比较的语义网络图中，"教师"总是呈现出非常核心的"中心度"状态。但是教师以何种形式参与考核评价却无法直接从语义网络图中加以判断，自评反思、同行评价、群众评议等常见的评价主体是否包含教师本身，也未在语义网络图中得以明确反映。可见，省域层面评价工作更信任专家和具有领导力的学校管理者的权威意见。

在评价主体方面，有几方面的问题有待思考。例如：评审专家委员会的选拔、构成及其在评价方面的专业素养问题，在这方面，已经有个别省份开展教师培训专家库和教师评价专家库的建设，为评价主体的专业性奠定基础；教师自评、同行互评中的主观判断、刻板印象、情感打分等问题也有待突破；学生、家长和社会相关群体在教师评价中到底能够评什么，他们的评价是否客观公正，他们的评价是否能及时地反馈给教师，都需要慎重考虑和科学设计。

第四章

实践现状中的教师评价

在现行政策下，全国各地的教师评价的实际操作情况，需要不同层面的调查研究才能被充分了解。在抽样、问卷、访谈等多种方法综合运用的基础上，本书从全国、上海和特定学校的不同层面考察教师评价政策的实施情况，并针对其中的弊端提出改进和提升建议。

第一节　我国基础教育教师评价现状

全面考察我国基础教育教师评价的现状是一项大规模、系统性的工作，抽样调查的方法可以帮助我们以点面结合的方式了解总体概况。

一、样本介绍

2019 年 6 月，课题组对全国中小学、幼儿园教师展开有关教师评价制度及实施的大规模调研工作。

在幼儿园教师样本中，所有专任教师及正职园长均受邀参与本次调研，实际参与调研的教师共计 606 名（实际发放教师问卷 719 份，有效问卷回收率为 84.3%）和园长 17 名（实际发放园长问卷 17 份，有效问卷回收率为 100%）。其中，东部教师占 29.9%，中部教师占 17.5%，西部教师占 52.6%，如图 4-1 所示。

在中小学校教师样本中，所有专任教师及正职校长均受邀参与本次调研，实际参与调研的教师共计 3933 名（实际发放教师问卷 4787 份，有效问卷回收率为 82.2%）和校长 47 名（实际发放校长问卷 47 份，有效问卷回收率为 100%）。其中，东部教师占 35.7%，中部教师占 18.4%，西部教师占 45.9%，如图 4-2 所示。

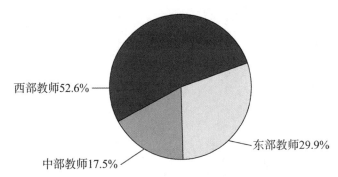

图 4-1　幼儿园教师样本百分比分布图

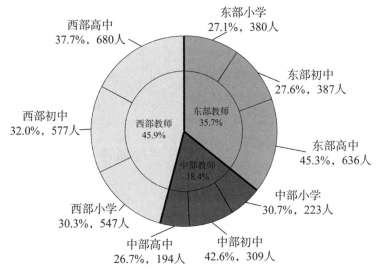

图 4-2　中小学教师样本百分比分布图（按区域和学段）

二、调查结果及主要发现

（一）评价主体

1. 评价主体及频率

本研究调研了教师及校／园长有关在本校／园接受或开展教师评价的主体及频率。调研的主体涵盖五大类：上级行政主管部门、校／园外个人或机构、学校（包括校／园长、校／园内考核部门）、教师（指派的带教老师、教师本人、其他教师）、家长或学生（幼儿园问卷中为家长或社区人员）。

从频次的强度来看，幼儿园的园内考核部门、园长和教师本人作为评价主体对本校教师进行评价的频率最高。相较于其他评价主体，园外个人或机构是频率最低的评价主体，21.0% 的教师表示从未接受过园外个人或机构的考核评价。

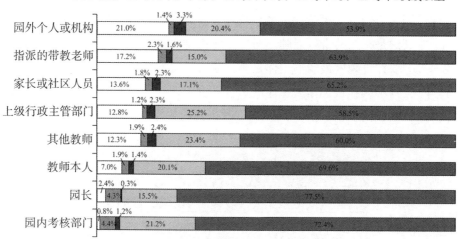

图 4-3　幼儿园教师评价主体及频率

中小学的校内考核部门、教师本人和校长作为评价主体对本校教师进行评价的频率最高。约九成的教师表示，平均每年 1 次、2 次或以上接受过上述评价主体的评价。而相较于其他评价主体，校外个人或机构是频率最低的评价主体，19.4% 的教师表示从未接受过校外个人或机构的考核评价。

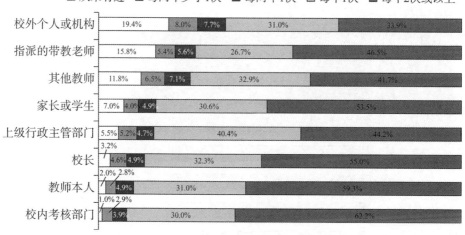

图 4-4　中小学教师评价主体及频率

若将频率分布设置为 0—5，依次为"从未有过""每两年少于 1 次""每两年 1 次""每年 1 次""每年 2 次或以上"，那么频率值越高，则表示相应评价主体对本校教师开展的考核频度越强。经显著性检验后发现，幼儿园教师评价的各主体中，评价频度最强的是园长，其次是园内考核部门；评价频度最弱的是园外个人或机构，其次是指派的带教老师。对中小学教师而言，评价频度最强的主体是校内考核部门，评价频度最弱的主体是校外个人或机构。从差异性上看，在校内考核部门、教师本人和校长作为主体的考核频度上，小学的强度显著强于初中和高中（ $P < 0.001$ ）；而在其他评价主体上，教师评价频度在不同学段间无显著差异。

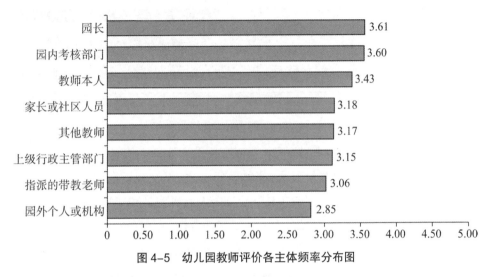

图 4-5　幼儿园教师评价各主体频率分布图

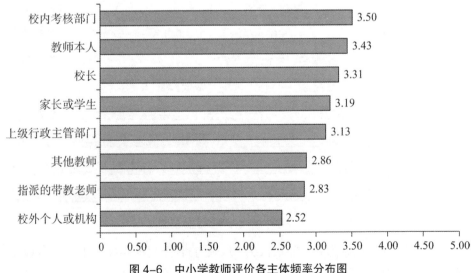

图 4-6　中小学教师评价各主体频率分布图

　　从区域分布来看，东部和西部地区幼儿园各主体开展教师评价的频率强度显著高于西部（P < 0.001），东部和中部的显著差异表现在园内考核部门（P < 0.05）、其他教师（P < 0.05）和家长或社区人员（P < 0.01）作为评价主体的评价频度上。东部中小学各主体开展教师评价的频率强度显著高于中部和西部（P < 0.001），西部地区的频率强度相对较弱。

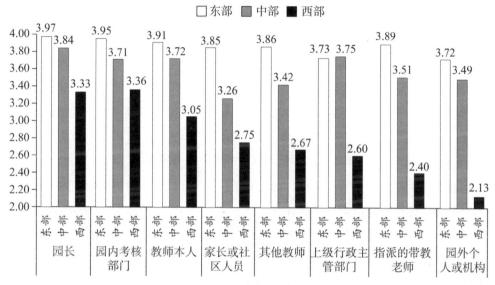

图 4-7　幼儿园评价主体及频率分布图（按区域）

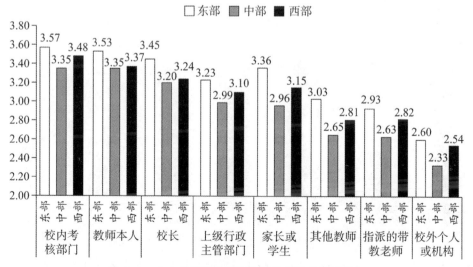

图 4-8　中小学评价主体及频率分布图（按区域）

2. 不同评价制度中的评价主体

如图 4-9 所示，本研究要求教师在常规年度绩效评价、教师资格定期注册等七类教师评价制度中限选三项评价主体。

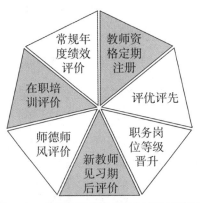

图 4-9 本研究考察的教师评价制度类型

调查结果显示，在幼儿园中，园长、园内考核部门和上级行政主管部门是上述七类教师评价制度中最主要的评价主体。从各项考核中教师最频繁选择的前三项评价主体分布来看，家长或社区人员和教师本人是选择最频繁的前三项评价主体中未提及的。其次是园外个人或机构，但该主体在职务岗位等级晋升和在职培训评价中具有一定参与度。与中小学教师评价相比，幼儿园教师在评优评先中其他教师的参与度上相对较强。

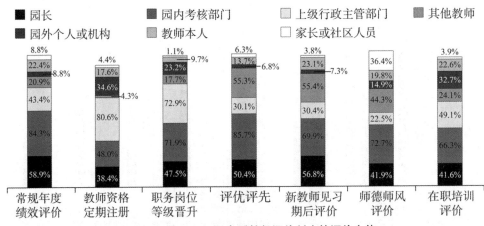

图 4-10 幼儿园不同类型教师评价制度的评价主体

在中小学中，校内考核部门、上级行政主管部门和校长是上述七类教师评价

制度中最主要的评价主体。校外个人或机构仅作为教师选择最频繁的前三项评价
主体出现在在职培训评价中。

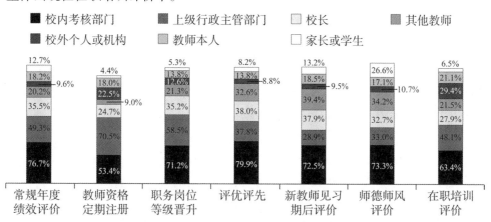

图 4-11　中小学不同类型教师评价制度的评价主体

在师德师风评价上，幼儿园教师选择频次最多的前三项评价主体是园内考核
部门（72.7%）、其他教师（44.3%）和园长（41.9%）。在限选三项的要求下，按类
型统计后发现：10.7% 的教师同时选择了园长、园内考核部门和其他教师，10.2%
的教师仅选择了园内考核部门。这表明，在师德师风评价中，主要以园内考核为
主，其他教师也具有一定参与度。但对教师业绩表现有直接关系和熟悉度的家长
或社区人员并不是该类考核占比最多的评价主体。中小学教师选择频次最多的前
三项评价主体是校内考核部门（73.3%）、其他教师（34.2%）和上级行政主管部门
（33.0%）。按类型统计后发现：15.6% 的教师仅选择了校内考核部门。

在常规年度绩效评价中，幼儿园教师选择频次最多的前三项评价主体是园内
考核部门（84.3%）、园长（58.9%）和上级行政主管部门（43.4%）。在要求限选三
项的情况下，按类型统计后发现：19.5% 的教师同时选择了上级行政主管部门、园
长和园内考核部门；还有 11.7% 的教师仅选择了园内考核部门。这表明，常规年
度绩效评价以园内考核为主。中小学教师选择频次最多的前三项评价主体是校内
考核部门（76.7%）、上级行政主管部门（49.3%）和校长（35.5%）。

在教师资格定期注册中，幼儿园教师选择频次最多的前三项评价主体是上级
行政主管部门（80.6%）、园内考核部门（48.0%）和园长（38.4%）。在要求限选三
项的情况下，按类型统计后发现：16.8% 的教师同时选择了上级行政主管部门、园
内考核部门和园长；20.6% 的教师仅选择了上级行政主管部门。这表明，在教师

资格定期注册中,上级行政主管部门是绝对主要的评价主体。中小学教师选择频次最多的前三项评价主体是上级行政主管部门(70.5%)、校内考核部门(53.4%)和校长(24.7%)。需要注意的是,按类型统计后发现:24.2%的教师仅选择了上级行政主管部门。

在职务岗位等级晋升中,幼儿园教师选择频次最多的前三项评价主体是上级行政主管部门(72.9%)、园内考核部门(71.9%)和园长(47.5%)。按类型统计后发现:23.8%的教师同时选择了上级行政主管部门、园内考核部门和园长;11.7%的教师仅选择了上级行政主管部门;13.4%的教师同时选择了上级行政主管部门、园外个人或机构和园内考核部门。这表明,首先,上级行政主管部门在教师职务晋升评价中是最主要的评价主体;其次,相对于其他考核类型,园外个人或机构在职务岗位等级晋升中相对具有一定参与度和话语权。中小学教师选择频次最多的前三项评价主体是校内考核部门(71.2%)、上级行政主管部门(58.5%)和校长(35.2%)。按类型统计后发现:13.8%的教师同时选择了上级行政主管部门、校长和校内考核部门;11.7%的教师仅选择了上级行政主管部门。

在评优评先中,幼儿园教师选择频次最多的前三项评价主体是园内考核部门(85.7%)、其他教师(55.3%)和园长(50.4%)。在限选三项的要求下,按类型统计后发现:近1/4的教师(24.5%)同时选择了园长、园内考核部门和其他教师。这表明,评优评先考核主要以园内考核为主,但与其他各类型考核制度相比,同行评价(其他教师)具有一定参与度和话语权。中小学教师选择频次最多的前三项评价主体是校内考核部门(79.9%)、校长(38.0%)和上级行政主管部门(37.8%)。按类型统计后发现:20.1%的教师仅选择了校内考核部门。

在新教师见习期后评价中,幼儿园教师选择频次最多的前三项评价主体是园内考核部门(69.9%)、园长(56.8%)和其他教师(53.4%)。在限选三项的要求下,按类型统计后发现:17.7%的教师同时选择了园长、园内考核部门和其他教师。中小学教师选择频次最多的前三项评价主体是校内考核部门(72.5%)、其他教师(39.4%)、校长(37.9%)。按类型统计后发现:17.3%的教师仅选择了校内考核部门。

在在职培训评价中,幼儿园教师选择频次最多的前三项评价主体是园内考核部门(66.3%)、上级行政主管部门(49.1%)和园长(41.6%)。在限选三项的要求下,按类型统计后发现:12.4%的教师同时选择了上级行政主管部门、园外个人或机构和园内考核部门。这表明，相对于其他教师考核类型，园外个人或机构在该项评价上具有一定参与度和话语权。中小学教师选择频次最多的前三项评价主体是校内考核部门（63.4%）、上级行政主管部门（48.1%）和校外个人或机构（29.4%）。

3. 不同评价内容中的评价主体

本研究调研了教师"在政治素养、师德师风、教育教学、教学研究和专业研修五方面对其开展评价的主体有哪些"。

从评价主体来看，幼儿园教师选择频次最高的评价主体是园内考核部门；中小学教师选择频次最高的是校内考核部门，70.0%以上的教师都认为校内考核部门是上述五项评价内容的评价主体。

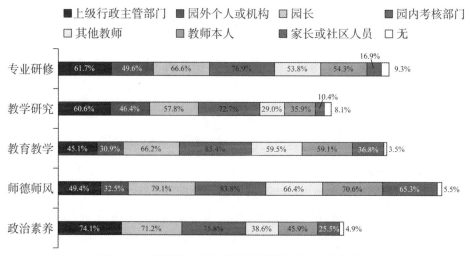

图4-12　不同主体在幼儿园教师评价内容中的分布图

从频次强度来看，园内考核部门、园长和上级行政主管部门是幼儿园教师选择频次较高的评价主体；而园外个人或机构、家长或社区人员是幼儿园教师选择频次较少的评价主体。校内考核部门、上级行政主管部门和校长是中小学教师最频繁选择的评价主体；而校外个人或机构、家长或学生是中小学教师选择频次较少的评价主体。

从评价内容来看，约10.0%的幼儿园教师认为所在幼儿园没有对教师专业研修的考核评价。专业研修包括参加在职培训情况、带教和专业协作情况等。相对于其他评价内容，师德师风的评价主体相对多元，尤其是对教师较为熟悉的其他教师和家长或社区人员在该项考核中具有一定参与度，但他们仍然不是最主要的评价主体。对中小学教师而言，在师德师风评价中，教师最频繁选择的前三项评价主体包括校内考核部门（75.7%）、教师本人（56.0%）和家长或学生（50.9%）；在政治素养评价中，教师最频繁选择的前三项是校内考核部门（74.2%）、上级行政管理部门（70.2%）和校长（51.1%）。

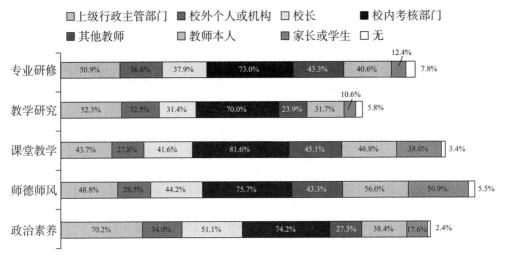

图 4-13　不同主体在中小学教师评价内容中的分布图

（二）评价实施

本研究在评价实施方面主要考察各类评价制度的评价方式和评价方法的使用情况，包括教师成长档案袋、教师反思小结、领导面谈、教师座谈/互评、学生/家长调查（幼儿园教师分为幼儿访谈和家长调查）、课堂观察/听评课（幼儿园教师为教育教学活动观察）、教师专业评测、学生学习表现（幼儿园教师无此项）、公开课汇报（幼儿园教师为公开活动汇报）、述职汇报等。

幼儿园教师的调查数据显示：教师反思小结（90.6%）、教师专业评测（90.3%）、教师座谈/互评（88.3%）和教育教学活动观察（88.4%）是上述七类教师评价制度中最普遍使用的评价方式。而幼儿访谈（52.5%）、述职汇报（56.9%）和领导面谈（69.1%）是教师反馈最少使用的评价方式。

除了上述几种最普遍使用的评价方式外，不同类型教师评价制度具有不同的侧重。常规年度绩效评价侧重教师过程性的专业提升，包括重视通过教师成长档案袋以及促进教师间相互交流与协作的公开活动汇报；师德师风评价重视通过家长调查来获取家长对教师的看法和意见；评优评先和新教师见习期后评价特别重视通过领导面谈来为教师提供个别化的指导和咨询；职务岗位等级晋升、教师资格定期注册和在职培训评价既采集了教师表现性的过程判据，如教师成长档案袋和教育教学活动观察，又参考了基于结果的教师教学素养判据，如采用教师专业评测的评价方式。

表 4-1　幼儿园教师的主要评价方式（前五项）

	教师成长档案袋	教师反思小结	领导面谈	教师座谈/互评	幼儿访谈	家长调查	教育教学活动观察	教师专业评测	公开活动汇报	述职汇报
在职培训评价	■	■					■	■		
教师资格定期注册	■	■					■	■		
评优评先		■					■	■		
职务岗位等级晋升		■					■	■		
新教师见习期后评价	■	■						■		
师德师风评价	■	■				■	■	■		
常规年度绩效评价	■	■					■	■	■	

中小学教师的调查数据显示：教师专业评测（82.9%）、教师反思小结（81.4%）及教师座谈/互评（77.9%）是上述七类教师评价制度中最普遍使用的评价方式。而学生/家长调查（65.8%）、领导面谈（53.8%）和述职汇报（46.5%）是教师评价制度中较少使用的评价方式。在教师认为最普遍使用的前五项评价方式上，学生/家长调查仅用于师德师风评价中。从不同类型教师评价制度来看，用于奖励绩优教师的考核制度，如职务岗位等级晋升和评优评先会采用学生学习表

现的评价方式。超过 1/3 的教师表示"学生学习表现"会用于对其进行晋升和评优评选的考核中。师德师风评价会广泛地听取和收集教师本人以及学生和家长的意见。42.1% 的教师表示在师德师风评价中会组织开展学生/家长调查。区别于其他类型教师评价，超过 1/3 的教师表示新教师见习期后评价会采用公开课汇报的评价方式。

表 4-2　中小学教师的主要评价方式（前五项）

	教师成长档案袋	教师反思小结	领导面谈	教师座谈/互评	学生/家长调查	课堂观察/听评课	教师专业评测	学生学习表现	公开课汇报	述职汇报
在职培训评价	■	■		■		■	■			
教师资格定期注册	■	■		■		■	■			
评优评先	■			■		■	■	■		
职务岗位等级晋升	■			■		■	■	■		
新教师见习期后评价	■			■		■	■		■	
师德师风评价			■		■	■	■	■		
常规年度绩效评价	■			■		■	■	■		

从区域分布来看，幼儿园教师评价在教师成长档案袋、教师反思小结、家长调查和教育教学活动观察的使用上，东部显著高于中部和西部；在教师成长档案袋的使用上，东部教师的比例为 93.9%，显著高于中部（45.9%）和西部（75.9%）；在教育教学活动观察的使用上，东部教师的比例为 95.6%，显著高于中部（78.4%）和西部（87.3%）；在教师专业评测的使用上，西部（95.0%）显著

高于东部（82.8%）和中部（89.4%）。中小学教师评价在学生/家长调查、公开课汇报和述职汇报的使用上，东部显著高于中部和西部；尤其在用于教学课展示与交流的公开课汇报上，东部教师的比例为70.6%，显著高于中部（59.4%）和西部（65.8%）；而在教师专业评测和学生学习表现（获奖成绩）的使用上，西部显著高于东部和中部。这表明，无论是幼儿园还是中小学，对教师教学素养的评价，东部地区比较侧重收集教师过程性的判据，如采用教师成长档案袋和教育教学活动观察等表现性评价方式，而西部地区则侧重结果导向，往往从教师自身的专业水平和学生的成绩来评价教学素养。

在各类评价方式的使用上，中小学教师评价除了在学生学习表现的使用上有差异外，各学段不存在显著差异。约有73.0%的小学和初中教师表示在上述七类教师评价中采用过学生学习表现，该比例显著高于高中教师（63.6%）。从各学段差异来看，在教师专业评测和公开活动汇报的使用上，幼儿园显著高于中小学（$P < 0.001$）。

（三）评价类型及内容依据

本研究调研了教师在接受过的上述七类教师评价制度中，他们认为最重要的前三项指标，从而了解教师对各类评价制度中重点考查内容的主观感受和认识。在题目设计上，由于幼儿园教师和中小学教师的教育教学活动内容与形式不同，因此，本研究将分为幼儿园教师不同类型评价的内容依据和中小学教师不同类型评价的内容依据两部分来呈现数据结果。

1. 幼儿园教师不同类型评价的内容依据

幼儿园教师评价内容的选项设计（见表4-3）上，不仅包括重视幼儿日常表现及学习情况的选项（如幼儿的行为习惯、对特殊幼儿的关心和个别化指导、对所教内容无小学化倾向等），还包括体现教师专业发展（如进修情况、交流协作及团队意识）和体现课题及科研论文发表情况、专业称号、各类奖项等关键性指标的选项。

（1）师德师风评价

调查结果显示：从幼儿园教师队伍总体来看，对特殊幼儿的关心和个别化指导（55.1%）、日常保教活动（49.0%）及幼儿的安全与健康（46.3%）是教师普遍认为在师德师风评价中最重要的前三项指标。经差异分析和比较后发现，在对上述三项指标重要性的认同度上，东部、中部、西部教师看法一致且无显著差异。

表 4-3 幼儿园教师评价制度中的重要考核指标（最重要的前三项）

	幼儿的安全与健康	幼儿认识世界的兴趣和能力	幼儿的行为习惯	幼儿的同伴关系与解决困难的能力	幼儿的运动兴趣和习惯	学历学位	教龄	职务	专业称号	进修情况	课题及科研论文发表情况	各类奖项	日常保教活动	交流协作及团队意识	对特殊幼儿的关心和个别化指导	对所教内容无小学化倾向
教师资格定期注册						■●	■			●			■●			
评优评先											■●	●	■●			
职务岗位等级晋升							■●				■●	●				
新教师见习期后评价	■●													■●	●	
师德师风评价	■●														●	●
常规年度绩效评价	■●		■									●	●			
在职培训评价										■●	●		■●	●		

注：① 灰色填充方框代表教师所选指标，圆点代表园长所选指标。
② 在职培训评价中，园长对"日常保教活动"和"交流协作及团队意识"两个选项的选择占比相同，因此它们两者并列为第三项考核指标。

此外，教师与园长的看法也一致且无显著差异。这表明，目前对教师师德师风的考核聚焦在学生与教学工作上，但诸多能间接体现或关联教师其他专业境界或修养的行为指标，如进修情况（体现专业性）和交流协作及团队意识（体现示范性）并不是教师和校长认为最重要的师德师风考核指标。在限选三项的要求下，根据类型统计后发现：10.6% 的教师同时选择了幼儿的安全与健康、对特殊幼儿的关心和个别化指导、日常保教活动。

（2）常规年度绩效评价

调查结果显示：从幼儿园教师队伍总体来看，幼儿的安全与健康（69.2%）、日常保教活动（50.2%）和幼儿的行为习惯（32.2%）是常规年度绩效评价中教师认为最重要的三项指标。从区域分布来看，东部、中部和西部教师的回答与总体情况一致；东部和西部没有显著差异。中部教师在前两项上的选择与东部和西部教师一致；但在第三项上，除了幼儿的行为习惯外，交流协作及团队意识也是中部教师选择的最重要的前三项考核指标之一。

在该项指标上，中部显著高于东部和西部。这表明，中部教师在常规年度绩效评价中相对于东部和西部教师，更加看重教师间相互协作和交流的意愿及表现。该项指标在一定程度上也能体现教师师德师风的水平。与园长的作答进行对比后发现，除幼儿的安全与健康、日常保教活动两项指标之外，园长还把各类奖项列入了最重要的前三项考核指标。这说明，园长比教师更看重奖项。而教师关注的是幼儿的安全与健康、幼儿的行为习惯和日常保教活动。在限选三项的要求下，根据类型统计后发现：11.4% 的教师同时选择了幼儿的安全与健康、幼儿的行为习惯和日常保教活动。

（3）教师资格定期注册

调查结果显示：从幼儿园教师队伍总体来看，学历学位（55.8%）、教龄（50.5%）和日常保教活动（27.5%）是教师资格定期注册中教师认为最重要的前三项考核指标。从区域分布来看，东部、中部和西部教师的回答存在显著差异。东部教师认为，学历学位、教龄和进修情况是最重要的前三项考核指标。中部教师则认为幼儿的安全与健康、学历学位和日常保教活动是最重要的前三项考核指标。值得注意的是，在进修情况指标上，东部（42.9%）显著高于中部（7.8%）和西部（24.1%）（P<0.001）。西部教师把学历学位、教龄和专业称号看作最主要的考核指标。在"教龄"和"专业称号"上，西部显著高于东部和中部（P < 0.001）。

这表明，东部教师相对于西部教师，更侧重通过进修来提升专业水平，中部教师更加关注幼儿和日常教学，而西部教师更看重资历。与园长的作答进行对比后发现，园长比教师更看重"进修情况"在教师资格定期注册中的重要性。在限选三项的要求下，根据类型统计后发现：10.0%的教师同时选择了学历学位、教龄和职务三项考核指标。

（4）职务岗位等级晋升

调查结果显示：从幼儿园教师队伍总体来看，教龄（48.7%）、各类奖项（43.4%）、课题及科研论文发表情况（40.0%）是职务岗位等级晋升中教师认为最重要的前三项指标。从区域分布来看，东部、中部和西部教师的回答与教师总体情况一致且区域间无显著差异。值得注意的是，在教龄指标上，西部（55.6%）显著高于东部（40.1%）和中部（45.2%）（P < 0.001）。其中，在日常保教活动和课题及科研论文发表情况上的比例，东部教师显著高于中部和西部教师（P < 0.001）；在最重要的前三项考核指标上，园长与教师无显著差异。

（5）评优评先

调查结果显示：从幼儿园教师队伍总体来看，各类奖项（51.4%）、日常保教活动（37.1%）和课题及科研论文发表情况（31.7%）是评优评先中教师认为最重要的前三项指标。从区域分布来看，东部、中部和西部教师存在显著差异。首先，各类奖项都是东部、中部、西部教师一致认为在评优评先考核中最重要的指标。除此之外，东部教师在课题及科研论文发表情况（43.6%）和专业称号（39.1%）上显著高于中部和西部（P < 0.001）；而中部教师则更重视幼儿的安全与健康，66.7%的中部教师把此项列入了最重要的前三项考核指标，该项比例显著高于西部（26.0%）和东

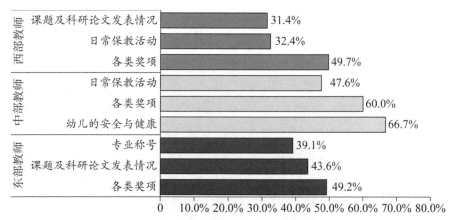

图4-14 幼儿园教师评优评先最重要的前三项考核指标（按区域）

部（19.0%）。与园长的回答进行比较后发现，园长与教师在教师评优评先考核中最重要的前三项指标上看法一致。

（6）新教师见习期后评价

调查结果显示：从幼儿园教师队伍总体来看，幼儿的安全与健康（57.7%）、日常保教活动（52.4%）和交流协作及团队意识（38.0%）是新教师见习期后评价中教师认为最重要的前三项指标。从区域分布来看，中部和西部教师与教师总体的看法一致。东部与中部和西部存在显著差异。东部教师把幼儿的行为习惯看作最重要的三项指标之一。在该项比例上，东部（44.3%）显著高于中部（22.4%）和西部（36.1%）。相比之下，中部和西部教师则更加看重交流协作及团队意识在新教师见习期后评价中的重要性。此外，在该类考核中最重要的前三项考核指标上，园长与教师的看法一致。在限选三项的要求下，根据类型统计后发现：11.4%的教师同时选择了幼儿的安全与健康、交流协作及团队意识和日常保教活动。

（7）在职培训评价

调查结果显示：从幼儿园教师队伍总体来看，进修情况（54.7%）、日常保教活动（30.1%）、交流协作及团队意识（30.1%）和课题及科研论文发表情况（24.4%）是在职培训评价中教师认为最重要的前三项指标。各区域教师在最重要的三项考核指标上的看法存在差异：东部教师比中部和西部教师更看重课题及科研论文发表情况；中部地区教师比东部和西部教师更看重学历学位以及对特殊幼儿的关心和个别化指导；西部教师比东部和中部教师更看重各类奖项。园长的看法与教师总体一致，但园长比教师更加重视对交流协作及团队意识方面的考核。

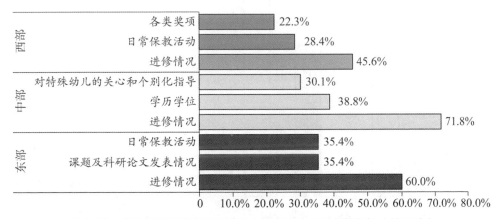

图4-15 幼儿园教师在职培训评价中最主要的三项考核指标（按区域）

2. 中小学教师不同类型评价的内容依据

中小学教师评价内容的选项设计上，不仅包括重视学生日常行为表现及学习情况的选项（如班级每个学生的学习情况、学生日常行为表现），还包括体现教师专业发展（如进修情况、交流协作及团队意识）和体现学生升学率、学生获奖情况、课题及教科研论文发表情况、专业称号、各类奖项等关键性指标的选项。

表 4-4　中小学教师评价制度中的重要考核指标（最重要的前三项）

	班级每个学生的学习情况	学生升学率	优秀学生学习情况	学生获奖情况	学生日常行为表现	对特殊学生的关心和个别化指导	学历学位	教龄	职务	专业称号	进修情况	课题及科研论文发表情况	各类奖项	日常课堂教学	交流协作及团队意识	支教经历
教师资格定期注册							▨	●			●			●		
评优评先	▨●												●	●		
职务岗位等级晋升								▨				●	●	●		
新教师见习期后评价	▨●				●									●		
师德师风评价					▨●	▨●									●	
常规年度绩效评价	▨				▨							●	●	●		
在职培训评价											▨●	●		●		

注：灰色填充方框代表教师所选指标，圆点代表校长所选指标。

（1）师德师风评价

调查结果显示：从教师队伍总体来看，对特殊学生的关心和个别化指导（44.5%）、日常课堂教学（43.4%）及学生日常行为表现（38.3%）是教师普遍认为在师德师风评价中最重要的前三项指标。无论是从区域分布还是从学段分布来看，中小学教师对上述三项指标重要性的认同度一致且均无显著差异。

（2）常规年度绩效评价

调查结果显示：从教师队伍总体来看，日常课堂教学（50.9%）、班级每个学生的学习情况（48.9%）和学生日常行为表现（32.0%）是常规年度绩效评价中教师认为最重要的前三项指标。从区域分布来看，东部、中部和西部教师的回答与总体情况一致且区域间差异不显著；从学段分布来看，除了高中外，上述三项仍然是初中和小学教师认为在常规年度绩效评价中最重要的指标。高中教师认为，除日常课堂教学和班级每个学生的学习情况之外，学生升学率也是最重要的前三项指标之一。在学生升学率选项上，不同学段教师差异显著。学段越高，认为学生升学率也是常规年度绩效评价最重要的前三项考核指标的教师比例越多，依次为小学教师 11.7%、初中教师 25.5% 和高中教师 29.6%。

（3）教师资格定期注册

调查结果显示：从教师队伍总体来看，教龄（49.4%）、学历学位（38.1%）和日常课堂教学（31.3%）是教师资格定期注册中教师认为最重要的前三项指标。从区域分布来看，东部、中部和西部教师的回答与总体情况一致且区域间差异不显著；从学段分布来看，中小学教师的回答也与总体情况一致且各学段教师间无显著差异。这表明教师资格定期注册制度至少不鼓励通过进修来获得资质的更新，对教师专业进取的价值不明显。

（4）职务岗位等级晋升

调查结果显示：从教师队伍总体来看，教龄（45.6%）、日常课堂教学（30.3%）、课题及科研论文发表情况（28.0%）是教师职务岗位等级晋升中教师认为最重要的前三项指标。从区域分布来看，东部、中部和西部教师的回答与教师总体一致。其中，在"日常课堂教学"和"课题及科研论文发表情况"选项上的比例，东部教师显著高于中部和西部教师（$P < 0.001$）；从各学段分布来看，上述四项仍然是近 1/3 中小学教师普遍认为在其职务岗位等级晋升中最重要的指标。这说明东部教师鼓励研究，西部教师看重经验积累。

（5）评优评先

调查结果显示：从教师队伍总体来看，日常课堂教学（36.4%）、班级每个学生的学习情况（32.3%）和各类奖项（32.0%）是评优评先中教师认为最重要的前三项指标。从区域分布来看，东部、中部和西部教师存在差异。东部教师更看重课题及科研论文发表情况，而中部教师则更重视教龄。对东部中小学教师而言，日常课堂教学（41.1%）、课题及科研论文发表情况（35.3%）和各类奖项（34.5%）是最重要的前三项考核指标；对中部中小学教师而言，日常课堂教学（30.2%）、各类奖项（28.9%）和教龄（25.8%）是最重要的前三项考核指标；对西部中小学教师而言，班级每个学生的学习情况（38.4%）、日常课堂教学（35.0%）和各类奖项（31.2%）是最重要的前三项指标。从各学段分布来看，日常课堂教学和各类奖项是超过1/3的中小学教师普遍认为在评优评先中最重要的前两项指标。此外，对小学和初中教师而言，班级每个学生的学习情况是最重要第三项指标；而高中教师则认为学生升学率是最重要的第三项指标。

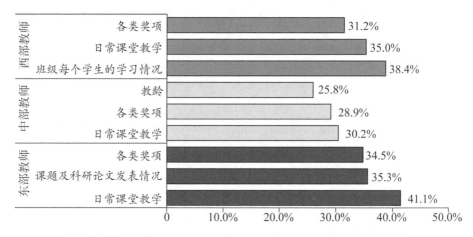

图 4-16　中小学教师评优评先最重要的前三项考核指标（按区域）

（6）新教师见习期后评价

调查结果显示：从教师队伍总体来看，日常课堂教学（56.0%）、班级每个学生的学习情况（46.3%）和学生日常行为表现（34.3%）是新教师见习期后评价中教师认为最重要的前三项指标。在最重要的前三项指标上，从区域分布来看，东部、中部和西部教师的看法一致，与教师总体的回答情况一致；从学段分布来看，中小学教师的看法也一致，与教师总体的回答情况一致。

（7）在职培训评价

调查结果显示：从教师队伍总体来看，进修情况（50.0%）、课题及科研论文发表情况（29.0%）和日常课堂教学（28.5%）是在职培训评价中教师认为最重要的前三项指标。从区域分布来看，东部和西部教师对前三项的看法一致且与总体作答情况一致。除了进修情况和日常课堂教学外，中部教师还认为各类奖项与课题及科研论文发表情况同样重要；从学段分布来看，中小学教师的看法也一致，与教师总体作答情况一致。

（四）评价效果

1. 评价后获得反馈的情况

评价后获得反馈是教师通过评价改进教学和提升专业的重要途径。

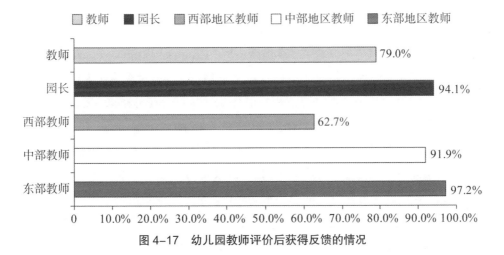

图4-17　幼儿园教师评价后获得反馈的情况

幼儿园教师调查结果显示：幼儿园教师评价中，94.1%的园长表示在上年度开展教师评价后，向本园教师提供过反馈；79.0%的教师表示在本园的教师评价后获得过反馈。经差异性检验后发现，幼儿园教师在评价后获得反馈上存在区域差异。62.7%的西部教师表示在评价后获得过反馈，该项比例显著低于中部（91.9%）和东部（97.2%）。

中小学教师调查结果显示：83.0%的校长表示在上年度开展教师评价后，向本校教师提供过反馈；78.4%的教师表示在本校的教师评价后获得过反馈。经差异性检验后发现，教师在评价后获得反馈上，东部、西部和中部教师无显著差异；从学段上看，也未发现显著差异。

2. 以评价促教学，反馈对教学改进的影响

（1）幼儿园教师评价反馈对教学改进的作用

根据幼儿园教师的作答情况，采用了正交旋转的探索性因子分析法对反馈产生的影响进行提炼，生成了五个潜在因子，再依据相关理论，概念化、量化为教育教学知识、教育与评价能力和幼儿指导，并以指数的形式进行跨区域和学段间的比较分析。

幼儿指导指数由对幼儿年龄特征的把握、对幼儿的理解与关注及对幼儿发展水平的了解与把握构成，其信度良好（Cronbach's alpha=0.909），取值范围为 1—4，采用李克特四级量表。指数的平均值越大，表示教师认为评价后获得的反馈对幼儿指导的提升有越积极的影响。从百分比分布来看，超过 95.0% 的教师认为反馈对上述三方面的改进产生了积极影响。

教育教学知识指数由对教材的理解与把握、对一日活动中保育的认识与把握和对家园共育的认识与把握构成，其信度良好（Cronbach's alpha=0.867），取值范围为 1—4，采用李克特四级量表。指数的平均值越大，表示教师认为评价后获得的反馈对教育教学知识的促进有越积极的影响。从百分比分布来看，超过 95.0% 的教师认为反馈对上述三方面的改进产生了积极影响。

教育与评价能力指数由保育活动组织能力、班级管理能力、使用信息技术的能力、分析和评估儿童发展水平的能力以及通过分析和评估调整保教行为的能力构成，其信度良好（Cronbach's alpha=0.906），取值范围为 1—4，采用李克特四级量表。指数的平均值越大，表示教师认为评价后获得的反馈对教育与评价能力的促进有越积极的影响。从百分比分布来看，约 90.0% 的教师认为反馈对上述五方面的改进产生了积极影响。其中，教师认同评价对促进教师信息技术能力的提升有积极影响（积极影响一般或很大）的比例显著低于其他几项（P < 0.001）。

从各项指数分布来看，在幼儿指导、教育教学知识和教育与评价能力三方面上，校长和教师均认为反馈产生了积极影响（包括积极影响一般或很大），并且教师的认同度要强于校长。经 ANOVA 差异分析后发现，从具体方面的影响程度来看，校长的看法不存在显著差异。对教师而言，评价对上述三方面教学育人的积极影响程度，按强到弱依次为幼儿指导、教育教学知识和教育与评价能力（P < 0.001）。

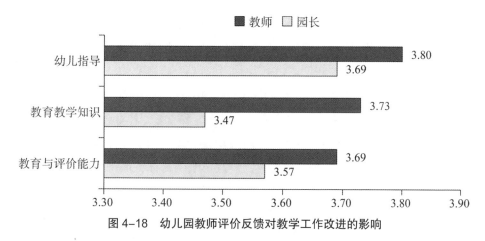

图 4-18　幼儿园教师评价反馈对教学工作改进的影响

按区域比较后发现，评价在对上述三方面教学工作改进的积极影响程度上，东部和中部无显著差异，而西部教师显著低于东部和中部教师（P < 0.001）。经相关分析后发现，教师没有因为教龄、学历和职称等背景的差异而影响他们对评价效果的认识。

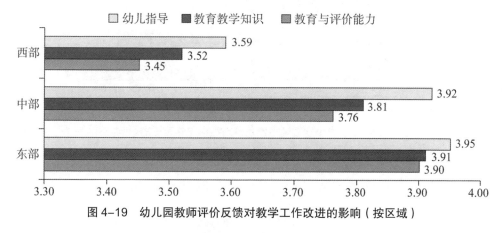

图 4-19　幼儿园教师评价反馈对教学工作改进的影响（按区域）

（2）中小学教师评价反馈对教学改进的作用

根据中小学教师的作答，采用了正交旋转的探索性因子分析法对反馈产生的影响进行提炼，生成了五个潜在因子，再依据相关理论，概念化、量化为学科知识、教学能力、作业设计与批改、学生指导和学生评价，并以指数的形式进行跨区域和学段间的比较分析。

以学科知识指数为例，该指数由对所教学科领域的认识和理解、对所教学科教材的理解和把握、对学科德育内容的认识与把握构成，其信度良好（Cronbach's alpha=0.854），取值范围为 1—4，采用李克特四级量表。指数的平均值越大，表示教师认为评价后获得的反馈对学科知识的提升有越积极的影响。

首先，从百分比分布来看，超过 85.0% 的教师认为反馈对上述五方面的改进产生了积极影响。其次，从各指数分布来看，在学科知识、作业设计与批改、学生指导、教学能力和学生评价上，校长和教师均认为反馈对教学工作的提升产生了积极影响，并且校长的认同度要高于教师。从影响的具体方面来看，对教师而言，反馈对学生评价、教学能力等实践类的改进上的效果显著高于对学科知识的促进。经差异性检验后发现，对校长而言，反馈对上述五方面的促进无显著差异。

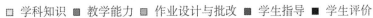

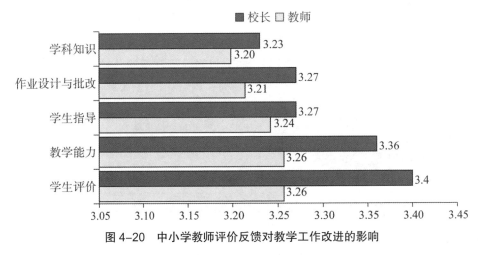

图 4-20　中小学教师评价反馈对教学工作改进的影响

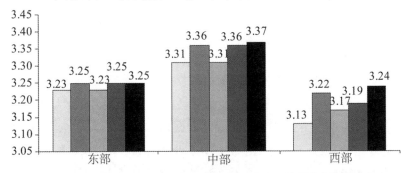

图 4-21　中小学教师评价反馈对教学工作改进的影响（按区域）

按学段比较后发现，反馈在对上述五方面教学工作的改进上，高中教师的认同度显著低于小学和初中教师。除了在学生评价的改进上，小学教师对反馈积极作用的认同度显著高于初中教师外，在其余四方面教学工作的改进上，小学和初中教师不存在显著差异。此外，教师的性别、教龄及职称等背景与他们对反馈效果的认识不相关。

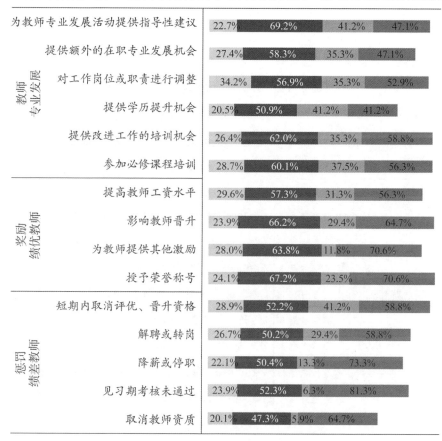

图 4-22 幼儿园教师评价结果的运用水平

3. 以评价促发展，强调对评价结果的运用

本研究分别调研了教师和校/园长上年度绩效评价结果的对教师专业发展、岗位调整、提高工资水平、解聘或转岗等 15 项内容的作用程度。本调查根据教师的作答，采用了正交旋转的探索性因子分析法对上述 15 项内容进行了提炼，生成 3 个潜在因子，再依据相关理论，概念化、量化为教师专业发展、奖励绩优教师

和惩罚绩差教师，并合成相应的指数。幼儿园和中小学教师问卷结果中的各指数内部结构信度良好，幼儿园教师问卷的 Cronbach's alpha 分别为 0.884、0.802 和 0.939，中小学教师问卷的 Cronbach's alpha 分别为 0.925、0.864 和 0.939，取值范围均为 1—4。指数平均值越大，说明评价结果对相应方面产生的作用强度越大。各指数相应选项的构成及百分比分布见图 4-22 和图 4-23。

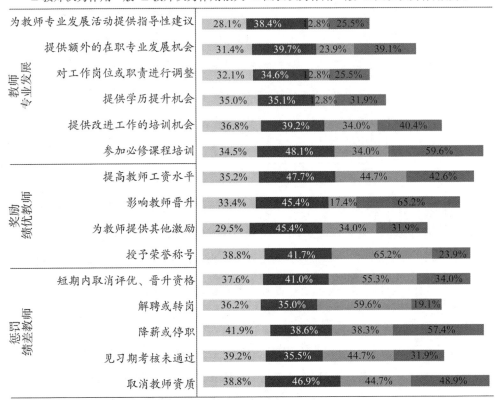

图 4-23　中小学教师评价结果的运用水平

（1）教师与校/园长之间在对评价结果的效果上存在认识差异

从幼儿园问卷各指数均值情况来看，首先，园长与教师对评价结果作用的认识上存在差异（见图 4-24）。相对于评价结果在奖励绩优教师和教师专业发展上的效果作用，教师认为评价结果在惩罚绩差教师上的效果强度较弱，而园长则持不同看法。园长比教师更加肯定评价结果在惩罚绩差教师上的效果。其次，教师比园长更加认同评价结果对促进其专业发展上的效果。

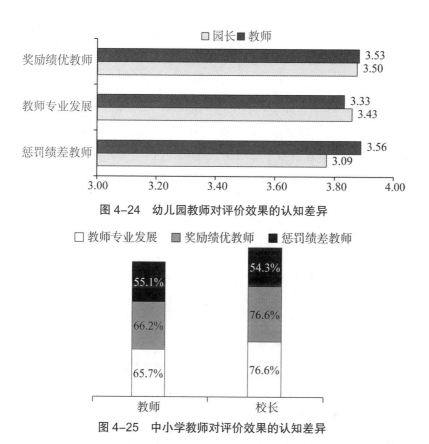

图 4-24 幼儿园教师对评价效果的认知差异

图 4-25 中小学教师对评价效果的认知差异

在中小学，教师和校长对于评价结果作用的认识也存在一定的差异（见图 4-25）。65.7% 的教师认为上年度绩效评价结果对教师专业发展的作用很大，校长的该项比例为 76.6%；66.2% 的教师认为上年度绩效评价结果对奖励绩优教师有很大作用，校长的该项比例为 76.6%；55.1% 的教师认为上年度绩效评价结果对惩罚绩差教师的作用很大，校长的该项比例为 54.3%。因此，从总体来看，评价结果对教师专业发展和奖励绩优教师的作用要显著大于惩罚绩差教师的作用；从综合来看，校长比教师更加肯定评价结果的作用。从评价结果具有很大作用的角度来看，校长与教师在诸多方面的认识差异显著。第一，在评价结果对专业发展的影响上，教师更加认同评价结果对获得学历提升机会的作用很大，如 35.0% 的教师认为评价结果对获得学历提升机会有很大作用，仅有 19.1% 的校长认同。第二，在奖励绩优教师方面，教师更加认同评价结果对提升工资的作用很大，如 45.4% 的教师认为评价结果对提高教师工资水平有很大作用，校长的该项比例为 31.9%；校长更加认同评价结果对教师晋升的效果很大，如 65.2% 的校长认为评价结果对教师晋升有很大作用，教师的该项比例为 45.4%。第三，在惩罚绩差教师方面，教师比校长更认同评价结果对降薪或停职及取消教师资质的效果很大，如 34.6% 的教师认为评价结果对降薪或停职的作用很大，校长的该项比例为 25.5%；38.4% 的教师认为评价结果对取消教师资质的作用很大，校长的该项比例为 25.5%。

（2）教师之间在对评价效果的认识上存在区域和学段差异

幼儿园教师调查结果显示：东部教师对评价结果在教师专业发展、奖励绩优教师和惩罚绩差教师上作用的肯定程度显著强于中部和西部教师（P < 0.001）；而西部教师对评价结果在上述三方面上作用的肯定程度显著弱于中部和东部地区教师（P < 0.001）。评价结果对惩罚绩差教师的作用显著弱于其在促进教师专业发展和奖励绩优教师上的作用。这一结果发现没有区域差异。

从各区域内部的差异来看，东部幼儿园教师更加肯定评价对促进其专业发展的效果。如东部教师认为评价结果对教师专业发展产生的作用显著强于评价结果在奖励绩优教师（P < 0.05）和惩罚绩差教师上的作用（P < 0.001）；中部教师认为评价结果对教师专业发展和奖励绩优教师上的作用强度不存在显著差异，但在对惩罚绩差教师上的效果强度显著低于其在上述两方面的作用（P < 0.001）；西部教师则认为评价结果对奖励绩优教师的作用显著强于其在教师专业发展和惩罚绩差教师上的作用（P < 0.001）。

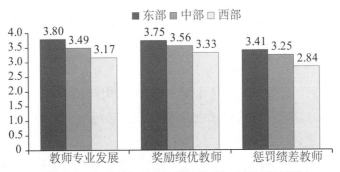

图 4-26　幼儿园教师对评价效果的认知差异（按区域）

中小学教师调查结果显示：与中部教师相比，东部和西部教师更加认为评价结果在教师专业发展上的作用大；在评价结果对奖励绩优教师和惩罚绩差教师的作用强度上，不同区域教师在认识上没有显著差异。对不同学段进行差异分析后发现，评价结果在教师专业发展和奖励绩优教师的作用上，小学教师对作用强度的认识显著高于初中和高中教师，初中与高中教师无显著差异；在评价结果对惩罚绩差教师的效果上，各学段教师对效果强度的认识存在显著差异。小学教师比初中和高中教师更加认为评价结果会对惩罚绩差教师有较大作用，高中教师显著强于初中教师，而初中教师认为其作用相对较弱。

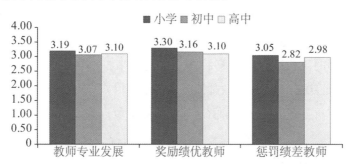

图4-27 中小学教师对评价效果的认知差异（按学段）

（五）评价改进与建议

本研究分别调研了教师和校/园长对目前教师评价工作的改进建议。从回答来看，评价方式方法和评价内容是教师和校/园长均认为最需要改进的地方。

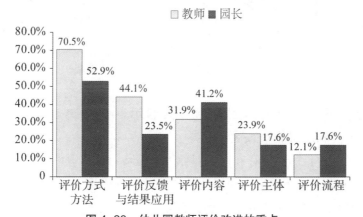

图4-28 幼儿园教师评价改进的重点

幼儿园教师问卷结果显示：幼儿园教师比园长更关注通过改进评价反馈与结果应用来提升教师评价工作。44.1%的教师认为评价反馈与结果应用是目前评价工作中最需要改进的地方，而持相同观点的园长比例仅占23.5%。在限选两项的要求下，按类型统计后发现：17.7%的教师同时选择了评价方式方法和评价反馈与结果应用，14.4%的教师同时选择了评价内容和评价方式方法，11.7%的教师同时选择了评价方式方法和评价主体。可见，评价方式方法是教师和园长集中反映教师评价工作中最需要改进之处。经差异分析和检验后，除评价流程之外，各区域教师对评价工作需要改进之处的看法与总体教师的判断一致且无显著差异。21.6% 的东部教师认为"评价流程"需要改进，该项比例显著高于中部和西部教师（P ＜ 0.01）。

中小学教师问卷结果显示：校长比教师更关注通过改进评价反馈与结果应用来提升教师评价工作。超过半数的校长认为评价反馈与结果应用是最需要改进的工作之一，而教师的该项比例为 36.5%。从类型分布来看，1/4 的教师同时选择了评价内容与评价方式方法；15.5% 的教师同时选择了评价方式方法以及评价反馈与结果应用。可见，评价方式方法是教师普遍反映最需要改进的方面。

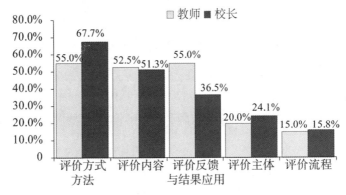

图 4-29　中小学教师评价改进的重点

三、全国教师评价的实践状况及其启示

（一）评价制度实施存在区域差异

首先，教师评价的强度存在区域差异。幼儿园问卷和中小学问卷的调研结果均显示：东部地区各评价主体开展教师评价的频率强度显著高于中部和西部地区，而西部地区的频率强度相对最弱，东部有相对全面而完善的教师培训和质量评价体系。

其次，从评价方式方法来看，东部比较注重通过收集教师过程性和表现性信息来对其教学素养作出判断。在教师成长档案袋、教师反思小结、家长调查和教育教学活动观察的使用上，东部显著高于中部和西部。而西部地区则侧重业绩导向，往往从教师自身的专业水平来判断教师的教学素养。在教师专业评测和学生学习表现的使用上，西部显著高于东部和中部。

再次，从评价标准或依据来看，教龄、课题及科研论文发表情况是教师和校 / 园长较为看重的考核指标，而职务、专业称号等并不是他们认为比较重要的考核指标。值得注意的是，在教龄和课题及科研论文发表情况上的重视程度存在显著的区域差异。东部教师比中部和西部教师更加看重课题及科研论文发表情况，而西部比东部和中部更加看重教龄；东部鼓励教师成为研究型教师，中部和西部教师主要靠经验积累。

此外，在评价反馈上，西部教师在评价后获得反馈的比例显著低于东部和中部；在评价结果的运用上，西部教师在评价作用或效果强度的认识上显著低于中部和西部。

（二）师德师风评价的不足有待完善

无论是幼儿园问卷数据还是中小学问卷数据，都存在对师德师风和教师专业职责考核指标重视程度不够的现象，如进修情况、对特殊学生的关心和个别化指导、交流协作及团队意识。

在这方面的认识上，幼儿园园长比教师的意识强，园长把进修情况列入对教师资格定期注册的最重要的前三项指标之一，但教师并没有将该项指标列入其中；园长比教师更加看重教师交流协作及团队意识在各项考核中的重要性。此外，从幼儿园教师各项经常性考核评价制度中的最重要考核指标，如幼儿的安全与健康、日常保教活动、幼儿园的行为习惯也可以看出，有关幼儿的兴趣、身体发展、合作能力及问题解决能力等关乎儿童社会情绪技能和全面发展的指标并不是教师和校长认为教师评价中最重要的考核指标。需要考虑评价的导向问题，树立多元的教师评价观，促进幼儿全面发展。

中小学问卷结果显示：七类教师经常性考核制度中，学生升学率、职务和专业称号并不在教师和校长认为的最重要的前三项评价指标中。然而，在诸如支教经历和交流协作及团队意识等能与教师师德师风水平相关联的表现性指标上，教师与校长的重视程度较弱。而且，目前对教师师德师风进行评价的主体是校内考核部门、教师本人和上级行政主管部门。因此，需要考虑评价的话语权与评价主体对评价对象的熟悉度之间的关系。熟悉和了解教师的家长或学生及其他教师并不是对其进行师德师风和政治素养评价的最主要的评价主体。其次，从评价依据来看，调研结果显示：目前对教师师德师风的评价主要落在学生和教学上，但对教师教学工作之外的任职或服务（如交流协作、社会服务）等并没有被纳入主要的考核指标中。所以，还需要尽快完善体现师德师风和政治素养等方面评价内容的表现性评价指标。

（三）评价方式须兼顾样本示范与常规突破

调查结果显示：教师评价制度中已经采用了多元、多维度聚焦的评价方式，但是仍需要加强评价方法的制度化、规范化和示范样本化。

例如，幼儿园教师调查结果显示：教师反思小结（90.6%）、教师专业评测（90.3%）、教师座谈/互评（88.3%）和教育教学活动观察（88.4%）是教师经常性考核制度中最普遍使用的评价方式。这说明从运用评价方式的总体水平来看，学校经常性评价在评价方式的采用上较为多元，能同时运用教师专业评测、表现性评价和档案袋评价。但70.5%的教师和52.9%的园长认为，目前评价工作最需要改进的仍然是评价方式方法。同样，中小学教师调查结果显示：教师专业评测（82.9%）、教师反思小结（81.4%）及教师座谈/互评（77.9%）是本调研关注的七类教师经常性考核制度中最普遍使用的评价方式。但67.7%的教师和近一半的校长认为，目前评价工作最需要改进的仍然是评价方式方法。

这在一定程度上表明，在评价方式类型已经普及和多样化的基础上，需要从质量上关注评价方式的运用。因为，多元聚焦为教师评价工作增添了复杂性。从此角度考虑在聚焦多元评价方式的基础上，要进一步在评价方法上提供专业支持，建立可推广的科学、示范性样本，促进评价方法的制度化和规范化。

另外，教师评价的方法还需要一些创新与突破，特别是在发挥评价的激励功能方面。例如，教师资格定期注册制度缺乏激励机制，没有发挥教师的主观能动性，鼓励他们通过进修来提升自己的专业水平。学历学位、教龄和日常保教活动是幼儿园教师认为教师资格定期注册制度考核中最重要的前三项指标；教龄和日常课堂教学是中小学教师和校长均认为在教师资格定期注册制度中最重要的两项指标。可见，稳定的资历是主要的考核依据，而不是能反映教师在每一个注册周期内专业进步的动态性考核指标。教师资格定期注册制度要考虑打破常规，完善促进高端教师人才培养与选拔的评价制度，让绩优青年教师脱颖而出。

（四）评价主体的队伍建设与参与机制须进一步健全

调研结果显示：学校是教师评价的重要主体，校/园内考核部门、校/园长和教师本人是最主要的三大评价主体，而校/园外个人或机构（如教师教育学院等专业机构）是评价参与度与频度最低的评价主体。21.0%的幼儿园教师和19.4%

的中小学教师表示,从未接受过校 / 园外个人或机构的评价,且该频次强度也显著低于其他评价主体。

此外,校内同行评价的参与度也有待提高。尽管教师座谈 / 互评已被广泛运用于目前教师经常性评价考核中,但参与的频度与其他评价主体相比,仍然偏低。77.9% 的中小学教师在常规年度绩效评价、师德师风评价等经常性教师考核制度中采用了教师座谈 / 互评的评价方式。中小学中同行评价(其他教师及指派的带教老师)的评价频次强度显著低于除了校外个人或机构外的其他五类评价主体。

(五)评价结果对教师奖惩绩效的影响有待加强

从总体上看,教师和校 / 园长均肯定教师评价结果的积极作用,校 / 园长比教师的认同度更强。从影响效果强度的差异上看,评价结果对教师专业发展和奖励绩优教师的作用显著强于其惩罚绩差教师上的作用;从评价对教学促进的影响上看,评价后教师获得的反馈对幼儿指导、学生评价、教育教学知识、教学能力等实践类的改进上的效果显著高于对学科知识的促进。不过,教师认同评价对促进教师信息技术能力的提升有积极影响的比例显著低于认同评价促进其他教学能力提升的比例。

第二节　上海基础教育教师评价经验

本研究在整理和分析全国中小学、幼儿园教师评价制度及实施情况的问卷数据后发现以下重要问题:第一,东部、中部、西部三个地区在评价制度实施方面存在一定的差异性,很难结合区域特点总结有效经验;第二,问卷调查结果无法深入、细致地反映一线中小学校、幼儿园教师评价的具体操作情况,因此也较难发现一线学校教师评价的有效案例。为此,本研究在 2019 年 9 月起采用混合研究方法,在全国问卷调查工具的基础上,增加了质性访谈研究,在上海市开展了中小学、幼儿园教师的评价实践专项实证调查,丰富了观察、倾听和解释中小学、幼儿园教师对评价制度与实施成效的方式和途径,为上海基础教育教师评价机制现状、特点、有效经验与改革方向提供了更为全面的解答。

一、调查方法及实施情况介绍

(一)调查方法设计

本研究在上海进行实证调查时,研究设计分为两个彼此独立又相互作用的阶段。第一阶段通过问卷工具收集和分析定量数据。为与全国调查形成一定的对比，在上海开展的中小学、幼儿园教师评价制度实践的问卷与全国抽样调查的问卷内容、抽样方式、分析策略保持完全一致。第二阶段进行定性半结构访谈，连接、整合两个阶段的数据，并通过定性数据中的支持性证据或异常性证据来阐释前后两阶段的研究发现。数据分析与解释过程中，则将第一阶段和第二阶段的数据相互融合和互作补充。

（二）调查样本介绍

为了确保调研结论的科学性和有效性，参与上海问卷调查的教师样本依旧通过多阶段分层整群随机抽样的方式产生。本研究在上海市的中心城区、近郊区和远郊区选择 3 个有代表性的区。在 3 个样本区按照幼儿园、小学、初中、高中学段划分，随机抽取 4 所学校。

需说明的是，访谈提纲中涉及对教师评价机制改革的建议相关问题，应部分学校管理者和一线教师的要求以及出于对学生的保护，本研究统一以编码方式对访谈对象进行匿名处理，具体编码方式见表 4-5 和表 4-6。

经协商，共 12 所学校参加实证调查，每所学校正职校长和全体专任教师填写问卷（样本学校名单见表 4-5）。实际参与问卷调查的幼儿园教师共计 155 名（实际发放教师问卷 180 份，有效问卷回收率为 86.1%）和 3 名园长（实际发放校长问卷 3 份，有效问卷回收率为 100%）。幼儿园样本中，HN 共计 25 名教师参加，占样本总量的 16.1%；CN 共计 68 名教师参加，占样本总量的 43.9%；BN 共计 62 名教师参加，占样本总量的 40.0%。

表 4-5　上海基础教育教师评价实践调查样本学校及编码

	幼儿园 N	小学 P	初中 J	高中 S
中心城区代表 H	HN	HP	HJ	HS
近郊区代表 B	BN	BP	BJ	BS
远郊区代表 C	CN	CP	CJ	CS

实际参与问卷调查的中小学教师共计 871 名（实际发放教师问卷 900 份，有效问卷回收率为 96.8%）和 9 名校长（实际发放校长问卷 9 份，有效问卷回收率为 100%）。其中，小学段教师 262 名，占参加本次调研教师总体的 30.1%，初中学段教师 245 名，占 28.1%；高中学段教师 364 名，占 41.8%。从各区分布来看，中心

城区代表 H 和远郊区代表 B 参加本次调研的教师中超过一半的均集中在高中学段，小学教师数量相对偏少。而远郊区代表 C 参加本次调研的教师各学段分布相对均匀，小学、初中和高中教师占比分别为 4：3：3。因此，在对数据分析结果进行解读时，需考虑上述样本的分布状况。

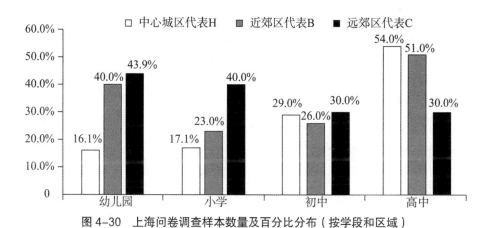

图 4-30　上海问卷调查样本数量及百分比分布（按学段和区域）

　　在回收问卷、分析问卷数据后，项目组再到 12 所样本学校进行访谈或座谈，访谈和座谈对象为四类人群，分别是学校管理者、普通一线教师、学生（计划仅进行初中生和高中生座谈，但在样本学校 BJ 有两位四年级和两位五年级小学生参加）和学生家长。每场访谈或座谈时间原则上为 60 分钟，但在实际操作中，每一场访谈或座谈时长均在 90—120 分钟。访谈对象及数量要求，以及实际访谈样本数据可分别见表 4-6 和表 4-7。

表 4-6　上海实证调查中每所样本学校访谈对象类型及数量要求（单位：人）

类型	幼儿园	小学	初中	高中
学校管理者，可包括校 / 园长、中层干部	2	2	2	2
普通一线教师	2	2	2	2
学生，每个年级 4 名学生（2 名男生，2 名女生，其中 1 名成绩好的女生，1 名成绩好的男生，1 名成绩一般的男生，1 名成绩一般的女生）	/	/	12（一所学校）	12（一所学校）
学生家长	2	2	2	2

表 4-7   上海实证调查中实际访谈 / 座谈对象数量及编码情况（单位：人）

类型	幼儿园	小学	初中	高中
学校管理者 L	6	6	7	8
普通一线教师 T	6	6	6	6
学生 S	/	4	34	36
学生家长 P	6	6	6	6

访谈研究中的编码说明如下：学校编码由"区 + 学校学段"组成，访谈对象编码由"区 + 学校学段 + 访谈对象类型 + 访谈对象顺序编号"组成。区编码：H 代表中心城区代表，B 代表近郊区代表，C 代表远郊区代表；学校学段编码：N 代表幼儿园，P 代表小学，J 代表初中，S 代表高中；访谈对象类型编码：L 代表学校管理者，T 代表普通一线教师，S 代表学生，P 代表家长。例如，中心城区代表 H 样本幼儿园的第一位受访普通一线教师的编码为 HNT1，其他访谈对象以此类推。

二、实证调查结果及主要发现

（一）评价制度

考虑到普通一线教师未必完全掌握学校层面评价制度的顶层设计和核心理念，因此在调查问卷中没有设计相关问题，而是通过学校管理者和普通一线教师访谈加以深入了解。从整体上看，各区在评价制度建设上没有典型的区域特征或区域差异。访谈数据显示：12 所样本学校中，8 所学校都有完整的教师评价制度顶层设计，另外 4 所学校也在师德考核、教学常规管理、年度考评和专业研修等方面形成较为完善的评价方案。这些学校中，除了两所小学的评价制度和评价方案是根据区教育学院发布的"教学指导管理意见"加以设计（BP、CP）的外，其他学校的评价制度顶层设计和各类评价制度的方案均由学校自主设计、实施和推进。

尽管各学校的教师评价制度的具体设计不同，但基本都把握了基于校情显特色和基于师情抓重点的总体方向。在制度设计上，"综合全面、分层分类、教—研—修—评结合"是最凸显的关键词。在制度建设的理念与文化上，"重专业、重发展、重参与、重特色"是最显著的四大特色。

样本学校 HP 和样本学校 HS 都是教师评价制度建设最为完善、综合全面的代表。样本学校 HP 自 2006 年起就开始构建现代学校制度，2010 年逐步完善学校制度汇编，包括基础性制度、规范性制度、程序性制度和评价性制度四大板块，各板块中都有教师评价相关内容分布，如基础性制度板块中的一线教师岗位职责、班主任岗位职责等，规范性制度板块中的教师职业道德考核制度、教师发展上岗和优选制度、教学流程管理制度、教师分层培养制度、绩效工资考核方案等，评价性制度板块中的教师自主考核制度、教师自主发展单项奖考核制度等。样本学校 HS 开发的教师评价体系中包括师德修养、专业态度、专业知识、专业能力和心理健康状况等多维度要素，每个要素中又分为二级指标、三级指标、评估分值和具体的考评办法。

很多样本学校都建设了对教师分层分类评价、分层分类培养的制度。例如，样本学校 HP 遵循分类培养、分层评价、分步提高的原则，将教师分为"新人""丽人""睿人""仁人"，每个层级都有具体的培养目标、培养举措和达成指标作为评价标准；样本学校 BN 将教师分为青年教师、成熟教师和骨干教师进行分层评价；样本学校 CN 将教师考核分为新教师考核、班主任过关考核、优秀班主任考核、骨干教师考核。再如，样本学校 BN 的评价标准也是分层的，对青年教师采用完成基本教学能力的托底标准；对成熟教师采用带有一定引导目标的要求；对骨干教师则以优秀教师的目标制定评价标准。

将教师评价工作与日常管理、教学业绩考核、教师研修考核等工作紧密结合，形成教—研—修—评一体化的教师评价与发展模式，是一线学校非常推崇的一种制度设计。它可以将学校教师队伍建设和教师专业发展的各条线工作有机融合，既能减轻学校的管理负荷和教师的工作负担，同时也使教师自主参与考核评价过程。例如，样本学校 CS 不仅从师德、日常管理、教育教学业绩三方面对教师开展全面考核，还将校本研修情况纳入评价制度中，考察教师参与校本研修、完成相关任务以及对校本课程建设和教案设计改革的反思情况等。

在评价理念与文化方面，强调教师的专业性是各个样本学校最看重的理念特征。对基层学校而言，高质量地完成教育教学任务是教师最重要的职责与使命，因此 12 所样本学校无一例外地将教师的教育教学能力和教育教学业绩作为最核心的评价内容。在此基础上，样本学校都意识到以评价促发展的重要作用，如 HSL1 校长在访谈中说道："教师评价的最终目的并不是给教师排队，而是为教师提供足够清晰的改善行为、提高效能的有效信息，从而建构个性化的教师专业发展路径。"如上文所述，部分学校还根据教师队伍的基本结构，通过分层分级评价的方式，帮助不同发展阶段的教师找到下一步努力的目标。

　　绝大多数样本学校构建了一种全员参与、全方位参与、全过程参与的教师评价文化。考核评价的制度方案从设计到实施基本上都经过了教代会（有些学校甚至是全体教师，如 CN）的出谋划策和研讨通过。考核评价的制度和方案实施过程也非常注重教师的体验性参与。例如，BNL2 在介绍学校评价制度改革调整的经历中指出，开始实施的是"高节奏评价，指标由行政班子和特色课程领导小组制定之后给到教师，后续实施过程中发现在教师参与度、认可度、评价指标价值定位和指向上存在一些问题，所以后来就把指标制定的权利还给了教师，教师根据本组的内容和特点对指标进行修正。从制定评价表开始，教师就成为'教师评价的主人'"。CSL1 谈到学校教师评价指标时也说道："指标经常修正，多听取教师的意见，不求定死目标，更期望发挥教师的自主性。"

　　多数样本学校还尊重教师的个性化发展需求。例如，样本学校 CJ 通过三类星级考核来促进教师全面发展的同时，还能挖掘教师的个人潜能。这三类星级考核分别是：①星级教研组和星级备课组考核，掌握教师队伍专业发展和课堂教学质量；②星级班集体考核，考核一批优秀的班主任；③星级社团考核，突出教师的个性需求和优势潜能。该校校长 CJL1 指出，学校每年有 60 个社团，而星级社团考核的目的是"希望教师的能力不仅停留在本专业上，还必须有其他的强项。这方面可以从教师的兴趣、爱好、特长等方面去引领他们。比如，学校有一位退伍军人从教，课堂教学不一定最优秀，但是他精通无线电技术，因此他在社团指导中发挥这一优势，带着学生们学习无线电技术，并且指导学生们参加机器人全能王比赛，并取得了很好的成绩"。样本学校 HS 的教师评价也分为基础性评价、发展性评价和特色性评价三类。

　　访谈数据显示：样本学校的管理者还提到了评价制度设计与实施的根本原则，如公平性原则、公正性原则、公开性原则、透明性原则、过程性原则、协商性原则、发展性原则是他们提到最多的评价原则。比如，在发展性原则上，样本学校 HP 制定教师自主发展考核制度的目的就是"根据三年自主发展计划，实行综合性的全员发展性评价考核，调动教师工作积极性，最大限度地满足教师自我尊重和发展的需要，从关注教师个体发展到培育教师群体发展，促进教师队伍的整体提升。依靠全体教师的主动性、合作精神和凝聚力，更好地促进学校各项工作的顺利开展，以此达到教师自我发展需要和学校需要的融合、教师心态与学校氛围的融合以及教师现实表现与未来发展的融合"。

　　也有一些学校在以上原则的基础上明确提到了教师评价文化的建设，例如，样本学校 BN 提到了让评价推进教师发展的文化,"让评价影响教师、改变教师理念、增强教师课程意识,而不是让评价约束教师"(BNL2)。

（二）评价主体

1. 参与频度

上海三区的问卷调查结果显示：幼儿园中的园长、园内考核部门和教师本人是对本园教师进行评价频率最高的前三项主体,中小学中的校内考核部门、教师本人和校长是对本校教师进行评价频率最高的前三项主体。在四个学段中,家长评价都紧随前三项主体,排在第四位。这与全国调查的总体趋势是一致的。

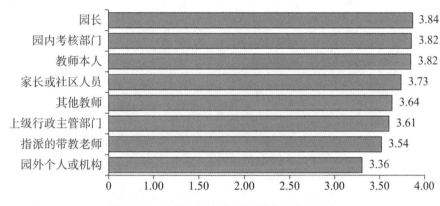

图 4-31　上海三区幼儿园评价主体参与强度

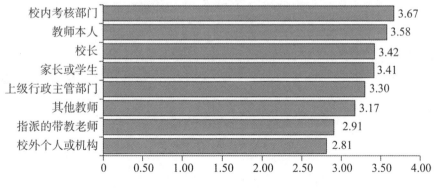

图 4-32　上海三区中小学评价主体参与强度

从三个区的分布来看,三所幼儿园在不同评价主体参与评价的强度上存在显著差异。样本幼儿园 BN 在各主体的评价强度上均显著低于其他两所幼儿园(P < 0.001)。相比而言,样本幼儿园 HN 在各主体的评价强度上均达到较高水

平。经 T 检验和相关分析后发现，各评价主体参评强度在教师职称、教龄和所教班级规模上差异不显著。

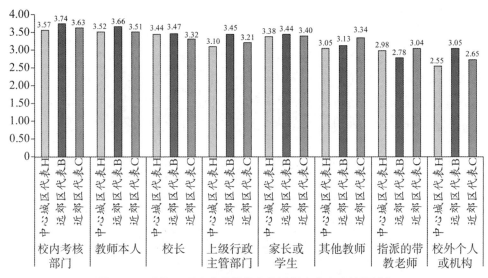

图 4-33　上海三区中小学评价主体及频度分布（按区域）

　　在三个区的 9 所中小学样本中，远郊区代表 C 的中小学教师在接受校内考核部门、教师本人、上级行政主管部门和校外个人或机构的评价强度显著高于中心城区代表 H 和近郊区代表 B（P < 0.001），而中心城区代表 H 在上述几项评价主体的频率强度上相对较弱。从中小学学段分布差异来看，在以教师本人、其他教师和校外个人或机构为主体的考核频度上，小学教师的强度显著强于初中和高中（P < 0.001）。而在其他评价主体上，教师评价频度在不同学段间无显著差异。

　　上述结果与访谈中的发现相符。接受访谈的学校管理者和普通一线教师表示，教师评价最重要的方式就是自评和他评。其中，他评的主体以校内考核部门为首，多数学校校内考核部门呈科层式架构：首先成立教师队伍建设领导小组，负责策划整个学校的师资队伍建设；随后成立学术委员会，成员多由行政管理人员和有一定学术见长的普通教师组成；接下来再针对不同评价内容成立专门的评价小组，如人事部门负责日常到岗评价，政教处负责班主任评价，教导处负责学科教学业绩评价，教研组 / 教研室负责研修成效评价等（HP、BJ）。与中小学校的情况相比，三所样本幼儿园访谈数据显示：园长在教师评价中的职责比中小学校长更突出。比如，样本幼儿园 HN 教师评价的他评主体中最重要的是由园长、副园长、保教主任组成的行政领导团队，在评价标准制定过程中，也是由教师们先去找材料和做初稿，再跟园长交流互动，分解具体化的指标。样本幼儿园 BN 的园长会提前布置每月的教师评价重点内容。样本幼儿园 CN 的他评主体行为顺序先是条线团队，再是园区负责人，接着是园长，最后形成教师的他评分数。

也有一些样本学校的校内考核部门采取扁平式架构，如将教师评价内容分成若干模块，委任成熟教师和骨干教师组成各模块的教师评价小组，直接开展评价活动，记录评价过程和给出评价结果。样本幼儿园 BN 委任成熟教师组成生活、运动、游戏、环境创设四大组别教师评价小组，每组有组长 1 人、组员 3 人，每组对教师的评价内容有一定的自主权，可根据本模块的工作特色和工作重点来安排评价工作。样本学校 HS 采取数字化教师评价，通过量化指标和在线平台，由指标模块的负责部门，如教务处负责教学业绩，教师发展中心负责教科研成果，将所有过程性的教师评价数据记录在案，在学期或学年末形成组内排序。利用量化的教师评价指标体系，解放学校管理者和普通一线教师，并且提高评价工作的可信度和效率。

2. 不同考核制度中的评价主体

问卷中调研了师德师风评价、常规年度绩效评价、教师资格定期注册、职务岗位等级晋升、评优评先、新教师见习期后评价和在职培训评价这七类评价制度中最重要的前三项评价主体。幼儿园教师选择最多的前三项评价主体分别是园长、园内考核部门和上级行政主管部门。中小学教师选择最多的是校内考核部门、上级行政主管部门和其他教师。这与参与强度和频度较高的评价主体有一定

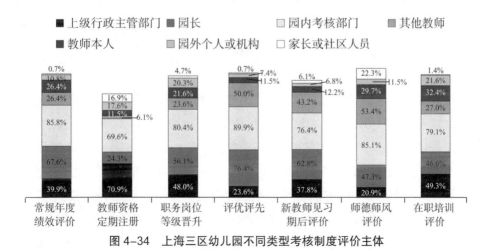

图 4-34　上海三区幼儿园不同类型考核制度评价主体

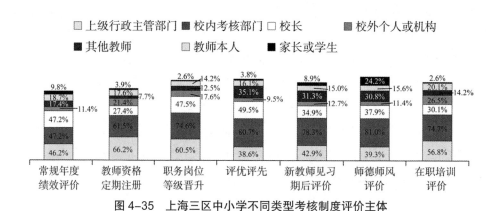

图 4-35　上海三区中小学不同类型考核制度评价主体

的差异。通过访谈，本研究了解到差异产生的一些缘由。比如，教师资格定期注册制度、职务岗位等级晋升和职称评审制度以及一部分市、区级评优评先项目，都是由上级行政主管部门下发通知、提出评审标准，甚至组织评价工作的具体实施，因此上级行政主管部门被选择的比较多。而且，在师德师风评价、职称评审、职务晋升、评优评先过程中，通常都要评选对象在教代会上述职，再经过民主评测或民主评议等环节，因此其他教师也成为被选择较多的主体。

在师德师风评价上，幼儿园主要以园内考核为主，教师本人也具有一定参与度。但与教师师德育德表现有直接关系和熟悉度的家长或社区人员并不是该类考核最重要的评价主体。进一步分析后发现，中心城区代表 H 的幼儿园教师在选择其他教师、教师本人和家长或社区人员的比例均显著高于其他两区的样本幼儿园。中小学教师的师德师风评价也是以校内考核为主，近郊区代表 B 中（33.8%）家长或学生作为评价主体参与教师考核的比例显著高于中心城区代表 H（22.9%）和远郊区代表 C（19.1%）。

在常规年度绩效评价上，各学段的评价主体都是以校内考核部门为主。从区域差异上看，61.0% 的中心城区代表 H 的中小学教师表示，校长是常规年度绩效评价中的主体，该比例显著高于远郊区代表 C（42.3%）和近郊区代表 B（42.8%）；28.4% 的近郊区代表 B 的教师表示，接受了其他教师的评价，该比例显著高于远郊区代表 C（12.1%）和中心城区代表 H（15.0%）；25.4% 的近郊区代表 B 的教师表示，其本人也参与了常规年度绩效评价，该比例显著高于远郊区代表 C（16.1%）和中心城区代表 H（16.0%）；但在让家长或学生参与常规年度绩效考核中，中心城区代表 H（13.6%）的比例显著高于远郊区代表 C（2.1%）和近郊区代表 B（2.5%）。

在教师资格定期注册上，上级行政主管部门（70.9%）、园内考核部门（69.6%）和园长（24.3%）是幼儿园教师选择频次最多的前三项评价主体。在要求限选三项的情况下，按类型统计后发现：有 21.9% 的教师仅选择了上级行政主管部门，12.3% 的教师同时选择了上级行政主管部门、园内考核部门以及家长或社区人员。这表明在教师资格定期注册考核中，上级行政主管部门是绝对主要的评价主体。值得注意的是，中心城区代表 H 的幼儿园 HN 有 72.0% 的教师表示，家长或社区人员是教师资格定期注册的评价主体，该项比例显著高于其他两所幼儿园。然而，HN 的访谈数据显示：家长作为评价主体填写满意度问卷、接受学校领导和教师的访谈等，结果主要用于师德师风评价，而不是教师资格定期注册的参考依据。中小学教师在这一制度的评价主体上选择情况与幼儿园一样。区域差异体现在 70.0% 的近郊区代表 B 中小学教师表示，教师资格定期注册由校内考核部门完成，而该比例在中心城区代表 H 仅为 50.2%。

在职务岗位等级晋升上，上级行政主管部门、校/园内考核部门和校/园长是教师选择频次最多的评价主体。经进一步分析发现，幼儿园中其他教师和教师本人在职务岗位等级晋升评价中的参与度较高，主要集中在中心城区代表 H 的 HN 幼儿园。76.0% 的 HN 教师表示其他教师是职务岗位等级晋升评价中的主体之一；80.0% 的 HN 教师表示教师本人是该项考核的评价主体之一。此外，29.9% 的远郊区代表 C 的 CN 幼儿园教师表示，园外机构或个人是职务岗位等级晋升评价中的主体，这一比例显著高于中心城区代表 H 和近郊区代表 B 的样本幼儿园。中小学教师的数据显示：在其他教师和教师本人作为评价主体参与本项考核上，近郊区代表 B 的比例显著高于远郊区代表 C 和中心城区代表 H。

在评优评先上，幼儿园教师选择频次最多的评价主体分别是园内考核部门（89.9%）、园长（76.4%）和其他教师（50.0%）。31.6% 的教师同时选择了园长、园内考核部门和其他教师。这表明该类考核主要以园内考核为主，但与其他各类型考核制度相比，同行评价（其他教师）具有一定参与度和话语权。进一步分析后发现，所有参加本次调研的中心城区代表 H 的 HN 幼儿园教师都选择了其他教师作为评优评先的评价主体，这一比例显著高于远郊区代表 C（33.9%）和近郊区代表 B（44.8%）的样本幼儿园。校内考核部门（80.7%）、校长（49.5%）和上级行政主管部门（38.6%）是中小学教师在评优评先制度方面选择频次最多的评价主体。近郊区代表 B 在校内考核部门、其他教师和教师本人作为评价主体参与该项考核上的比例显著高于远郊区代表 C 和中心城区代表 H。

在新教师见习期后评价上，园内考核部门（76.4%）、园长（62.8%）和其他教师（43.2%）是幼儿园教师选择频次最多的前三项评价主体。在限选三项的要求下，按类型统计后发现：21.3% 的教师同时选择了园长、园内考核部门和其他教师；12.3% 的教师同时选择了园长和园内考核部门。这说明新教师见习期后评价主要以园内考核为主，上级行政主管部门的影响并不大。进一步分析后发现，中心城区代表 H 的 HN 幼儿园教师在选择上级行政主管部门和教师本人作为主要评价主体的比例上均显著高于其他两所样本幼儿园的教师。校内考核部门（78.3%）、上级行政主管部门（42.9%）和校长（34.9%）是中小学教师选择频次最多的前三项评价主体。近郊区代表 B 在其他教师、校内考核部门和家长或学生作为评价主体参与该项考核上的比例上显著高于远郊区代表 C 和中心城区代表 H。

在在职培训评价上，上级行政主管部门、校 / 园内考核部门和校 / 园长是教师选择频次最多的评价主体。幼儿园教师调查数据显示：10.3% 的教师同时选择了园长、其他教师和园内考核部门；10.3% 的教师同时选择了上级行政主管部门、教师本人和园内考核部门。这表明在职培训评价仍然以幼儿园为主导。进一步分析后发现，中心城区代表 H 的 HN 幼儿园教师选择园外个人或机构、教师本人和其他教师作为评价主体的比例显著高于其他两所样本幼儿园的教师。园外个人或机构以及其他教师对 HN 教师评价频次较高，这可以在访谈数据中找到答案。因为 HN 中的成熟期教师多、新手教师少，教师队伍结构表现为比较稳定的纺锤形，教师梯队建设是结合该区人才梯队建设层级，而且在该区的人才梯队七层级中，有五个梯队层级中都有 HN 的教师，因此该园教师在评优评先时会接受很多外部的考核和评审。中小学教师的调查数据显示：在校外个人或机构作为评价主体上，远郊区代表 C 的比例显著高于其他两区。

3. 不同评价内容中的评价主体

问卷中调研了教师在师德师风、政治素养、课堂教学、教学研究和专业研修五方面对其开展评价的主体。从整体上看，上级行政主管部门、校 / 园内考核部门和校 / 园长是主要的评价主体。其中，在师德师风评价中，教师本人、家长或学生的话语权显著提升；在专业研修评价中，教师本人的话语权也显著提升。根据不同评价内容，各区域在评价主体的参与上存在显著差异。近郊区代表 B 重视教师本人及其同伴评价（课堂教学、师德师风、专业研修）；中心城区代表 H 重视校/园长在各类评价中的话语权（政治素养、师德师风、课堂教学）；远郊区代表 C 和中心城区代表 H 则在依托上级行政主管部门和校内考核部门的同时，还积极利用校外第三方评价或专家的力量（师德师风、课堂教学、专业研修）。

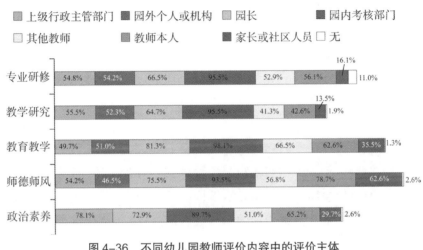

图 4-36　不同幼儿园教师评价内容中的评价主体

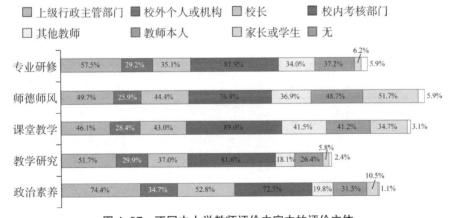

图 4-37　不同中小学教师评价内容中的评价主体

（1）师德师风

园内考核部门（93.5%）、教师本人（78.7%）和园长（75.5%）是幼儿园教师选择最多的评价主体。近郊区代表 B 和远郊区代表 C 的幼儿园教师选择园长作为教师师德师风评价主体的比例显著高于中心城区代表 H 的幼儿园教师；中心城区代表 H 的幼儿园教师选择其他教师、教师本人和家长或社区人员作为教师师德师风评价主体的比例显著高于其他两所样本幼儿园。

上级行政主管部门（49.7%）、校内考核部门（76.9%）和家长或学生（51.7%）是中小学教师表示对其师德师风进行考核最主要的三个评价主体。在师德师风评价上，远郊区代表 C 相对以上级行政主管部门、校外个人或机构和校内考核部门为评价主体，而近郊区代表 B 则相对更多地让教师本人参与其中；中心城区代表 H 相对更多地发挥校长的作用。值得注意的是，14.5% 的近郊区代表 B 的教师表示其没有接受过师德师风评价，中心城区代表 H 和远郊区代表 C 的该项比例分别为 3.7% 和 2.0%。

（2）政治素养

上级行政主管部门（74.4%）、校内考核部门（72.5%）和校长（52.8%）是中小学教师表示对其政治素养进行考核最主要的三个评价主体，而家长或学生是教师最少提及的评价主体。幼儿园样本学校在这一方面无显著差异。需要关注家长或学生在考核教师政治素养中的监督权和话语权，因为仅有 10.5% 的教师表示家长或学生会对其政治素养进行评价。

（3）课堂教学

园内考核部门（98.1%）、园长（81.3%）和其他教师（66.5%）是幼儿园教师选择最多的评价主体。可见，幼儿园教师课堂教学考核以幼儿园为主导，依托园内考核部门和同行评价。而教师相对较少提及的评价主体是家长或社区人员。中心城区代表 H 的幼儿园教师选择其他教师和教师本人作为课堂教学考核评价主体的比例显著高于其他两所样本幼儿园。

校内考核部门（89.0%）、上级行政主管部门（46.1%）和校长（43.0%）是中小学教师表示对其课堂教学进行考核最主要的三个评价主体，家长或学生是教师相对最少提及的评价主体。

（4）教学研究

上级行政主管部门、校/园内考核部门、校/园长是教师表示对其教学研究进行考核最主要的评价主体。幼儿园教师的数据显示：教师科研能力的考核主要以国内考核部门、上级行政主管部门和园外个人或机构协作实施。但在具体的评价主体强度占比上，三区样本幼儿园数据存在较大差异。82.3% 的 CN 幼儿园教师选择了园长作为教学研究考核的评价主体，这一比例显著高于其他两所样本幼儿园。中小学教师的数据仅显示出一点区域差异，即其他教师的参与，近郊区代表B（25.4%）的教师表示其他教师会对其教学研究进行评价，该比例显著高于中心城区代表H（13.2%）和远郊区代表C（16.4%）。

（5）专业研修

幼儿园教师数据显示：专业研修的前两项评价主体分别为园内考核部门（95.5%）和园长（66.5%）。教师本人（56.1%）、上级行政主管部门（54.8%）和园外个人或机构（54.2%）的参与度相当。值得注意的是，有11.0%的样本教师表示没有对专业研修进行考核的评价主体。

中小学教师数据显示：校内考核部门（81.9%）、上级行政主管部门（57.5%）和教师本人（37.2%）是对专业研修进行考核最主要的三个评价主体。家长或学生是教师最少提及的评价主体，这一点在样本学校的访谈中也得以印证。受访家长普遍认为，师德、教学水平和学生成绩是他们最看重的评价内容，至于教师的教育科研能力和专业研修情况并不是他们关心的重点。

（三）评价实施

1. 幼儿园教师评价的主要方式方法

从幼儿园教师评价采用的各种评价方式来看，80.0%以上的教师均表示在在职培训评价等七类教师评价制度中采用过教师反思小结（89.5%）、教师座谈/互评（84.8%）、教育教学活动观察（84.3%）、教师成长档案袋（80.9%）和教师专业评测（80.4%），而幼儿访谈（50.3%）、述职汇报（63.2%）和领导面谈（67.1%）是教师认为最少采用的评价方式。

不同类型教师评价制度具有不同的侧重。常规年度绩效评价侧重教师过程性的专业提升和全方位地了解教师工作状态，包括采集教师主观性数据、家长看法和教学行为数据等；师德师风评价重视通过家长调查、幼儿访谈和教师座谈或互评等，加强多维度的综合评价；评优评先、新教师见习期后评价和职务岗位等级晋升特别重视通过公开活动汇报来展示教师专业水平；教师资格定期注册和在职培训评价不仅采集教师表现性的过程判据，如教师成长档案袋和教育教学活动观察，还参考基于结果的教师教学素养判据，如采用专业评测的评价方式。需要引起重视的是，有关对教师师德师风评价的依据缺乏过程性和追踪性的数据收集手段，如教师档成长案袋或诚信记录等。目前，对师德师风的考核手段多以定性和定量的经验性判据为主，如个人反思和总结、相关主体意见调查等。

表 4-8　上海三区幼儿园教师评价的主要方式（前五项）

	教师成长档案袋	教师反思小结	领导面谈	教师座谈/互评	幼儿访谈	家长调查	教育教学活动观察	教师专业评测	公开活动汇报	述职汇报
在职培训评价	■			■			■			
教师资格定期注册							■			■
评优评先	■	■						■		
职务岗位等级晋升	■							■	■	
新教师见习期后评价	■								■	
师德师风评价		■		■	■	■	■			
常规年度绩效评价	■							■	■	

从三所样本幼儿园的差异来看，样本幼儿园 HN 在采用教师座谈/互评、教育教学活动观察、教师专业评测、幼儿访谈和家长调查等评价方式上的比例显著高于其他两所样本幼儿园。在述职汇报的采用上，远郊区代表 C 和近郊区代表 B 的样本幼儿园的比例均显著高于中心城区代表 H 的样本。不过，访谈数据显示：三所样本幼儿园均强调教育教学活动观察和教师座谈/互评，却较少提到教师专业评测，亦可能是专业评测是入职考试和职称晋升考试中的必选环节，故在访谈中教师并未多提及；访谈中有提到家长调查，但几乎不会直接提到幼儿访谈。幼儿作为评价主体的形式通常都是体现在教育教学活动中，通过幼儿的实际表现、幼儿与外部环境的互动等来反映教师的教育教学水平与质量。

综上所述，从三所样本幼儿园教师的报告来看，目前幼儿园采用的教师评价方式趋于多元和混合，既注重收集教师过程性的判据，还侧重结果导向，通过测量教师专业水平来评判教师专业素养。教师专业评测已被广泛应用于幼儿园教师各项评价中,包括教师资格定期注册、职务岗位等级晋升和新教师见习期后评价等。

　　2. 中小学教师评价的主要方式方法

表 4-9　上海三区中小学教师评价的主要方式(前五项)

	教师成长档案袋	教师反思小结	领导面谈	教师座谈/互评	学生/家长调查	课堂观察/听评课	教师专业评测	学生学习表现	公开课汇报	述职汇报
在职培训评价	■	■		■		■	■			
教师资格定期注册	■	■				■			■	
评优评先	■	■		■			■	■		
职务岗位等级晋升	■	■					■		■	
新教师见习期后评价	■	■		■		■	■		■	
师德师风评价	■	■		■	■		■			
常规年度绩效评价	■	■				■	■	■	■	

　　从中小学教师评价采用的各种评价方式来看,教师反思小结(86.1%)、教师成长档案袋(85.6%)、教师专业评测(77.8%)、教师座谈/互评(77.5%)和课堂观察/听评课(76.2%)是上述七类教师评价制度中最普遍使用的评价方式。而领导面谈(46.5%)和述职汇报(47.8%)是教师认为最少使用的评价方式。值得引起关注的是,在教师认为最普遍使用的五种评价方式中,学生/家长调查仅用于师德师风评价。

　　超过 1/3 的教师表示学生学习表现会用于对其常规年度绩效评价和评优评先;师德师风评价广泛地听取和收集教师本人,尤其是学生及家长的意见。41.5% 的教师表示在师德师风评价中会组织开展学生/家长调查;超过 1/3 的教师表示新教师见习期后评价、常规年度绩效评价和职务岗位等级晋升会采用公开课汇报的方式。从学段差异来看,在课堂观察/听评课、教师专业评测和学生学习表现等方式的采用上,初中显著高于小学和高中。而在述职汇报的采用上，小学显著高于初中和高中。其他评价方式，各学段间不存在显著差异。

表 4-10 上海三区中小学教师评价方式的区域差异（百分比）

	中心城区代表 H	远郊区代表 C	近郊区代表 B	差异性
教师成长档案袋	87.3	84.8	85.4	
教师反思小结	89.4	87.7	80.0	**
领导面谈	54.2	44.7	42.4	**
教师座谈 / 互评	69.8	78.6	82.6	**
学生 / 家长调查	64.8	62.7	65.5	
课堂观察 / 听评课	73.1	80.1	72.8	
教师专业评测	77.0	79.7	75.2	
学生学习表现	58.7	65.8	63.5	
公开课汇报	70.1	72.0	74.1	
述职汇报	32.4	46.9	63.7	***

表 4-11 上海三区中小学教师评价方式的学段差异（百分比）

	小学	初中	高中	差异性
教师成长档案袋	88.9	87.6	81.9	
教师反思小结	84.9	87.9	85.8	
领导面谈	45.5	48.3	46.2	
教师座谈 / 互评	81.9	77.3	74.6	
学生 / 家长调查	65.2	59.6	66.0	
课堂观察 / 听评课	74.2	87.7	70.3	***
教师专业评测	74.8	87.3	73.7	***
学生学习表现	58.5	69.6	62.8	*
公开课汇报	71.7	78.1	68.6	*
述职汇报	56.0	44.4	44.5	**

（四）评价类型及内容依据

1. 幼儿园教师不同类型评价的内容依据

表 4-12　上海幼儿园教师评价中的考核指标（最重要的前三项）

	幼儿的安全与健康	幼儿认识世界的兴趣和能力	幼儿的行为习惯	幼儿的同伴关系与解决困难的能力	幼儿的运动兴趣和习惯	学历学位	教龄	职务	专业称号	进修情况	课题及科研论文发表情况	各类奖项	日常保教活动	交流协作及团队意识	对特殊幼儿的关心和个别化指导	所教内容无小学化倾向
教师资格定期注册						■	●		●	■			●			
评优评先									●		■	■●	●			
职务岗位等级晋升										●	■●	●				
新教师见习期后评价		■●		■						■			●			
师德师风评价												●	■●	●	■●	
常规年度绩效评价		■●											■●			
在职培训评价									●	■●	●	■				●

注：灰色填充方框代表教师所选指标，圆点代表园长所选指标。

（1）师德师风评价

从上海幼儿园样本教师总体数据结果来看，幼儿的安全与健康（40.0%）、日常保教活动（48.7%）及对特殊幼儿的关心和个别化指导（50.0%）是教师普遍认为在师德师风评价中最重要的前三项指标。这与全国调查的结果一致（参见表4-3）。而且园长除了与教师一致重视日常保教活动（66.7%）和对特殊幼儿的关心和个别化指导（33.3%）外，还比教师更看重各类奖项（66.7%）和交流协作及团队意识（33.3%）。可见，教师认为师德师风评价考核重点在幼儿身上，而不在对自己的要求上。而园长则认为在关注教师日常保教活动的同时，还应重视教师的荣誉和团队意识。

对三所样本幼儿园进行差异分析后发现，三所幼儿园教师均认同日常保教活动及对特殊幼儿的关心和个别化指导是师德师风评价的重要指标。特别的是中心城区代表H的HN幼儿园教师尤其认识到交流协作及团队意识的重要性。60%的该园教师选择了此项内容为最重要的师德师风评价指标，该比例显著高于其他两所样本幼儿园。

（2）常规年度绩效评价

从上海幼儿园样本教师总体数据结果来看，幼儿的安全与健康（60.0%）、日常保教活动（48.7%）和幼儿的行为习惯（42.0%）是常规年度绩效评价中教师认为最重要的前三项指标。园长与教师在指标的认识上有一定差异。66.7%的园长把幼儿认识世界的兴趣和能力列为重要的考核指标，教师选择该项指标的比例仅为10.7%。

从三所样本幼儿园的差异来看，远郊区代表C的CN幼儿园教师把幼儿的安全与健康、专业称号和各类奖项选为常规年度绩效评价中最重要的前三项考核指标。CN的教师在选择专业称号和各类奖项上的比例显著高于其他两所样本幼儿园（P<0.0001）。在CN幼儿园管理者和教师的访谈数据中发现，该园常规年度绩效评价是通过新教师群体的"班主任过关考"以及成熟期以上教师群体的"优秀班主任考核"和"骨干教师积分制考核"来分层完成的，虽然分层分类，但是绩效工作系数相差比较小（CNL2）。不过，积分制中具体考核内容确实涉及较多的奖项、称号等指标，如表4-13所示，CN骨干教师考核积分制的四大一级指标之一"教育教学"所占分值30分，这30分的二级指标均与奖项有关。

表 4-13　样本幼儿园 CN 骨干教师考核积分制量化评分表（节选）

一级指标	二级指标	最高分值	自评得分	审核得分
教育教学（30）	8. 课堂教学/个别化/长项展示评比 （1）全国评比：一等奖（9）、二等奖（8）、三等奖（7） （2）市级评比：一等奖（7）、二等奖（6）、三等奖（5） （3）区级评比：一等奖（5）、二等奖（4）、三等奖（3） （4）园内评比：一等奖（3）、二等奖（2）、三等奖（1）	13		
	9. 课堂教学示范引领 （1）市级展示课：每节/次 4 分；研讨课：每节/次 2 分 （2）区级展示课：每节/次 3 分；研讨课：每节/次 1 分 （3）精品录像课：每节/次 2 分 （4）主持或执教教研组课例：每节/次 1 分	12		
	10. 积极参加幼儿辅导竞赛活动，辅导效果好 （1）在市级评比活动中获奖：一等奖（5）、二等奖（4）、三等奖（3） （2）在区级评比活动中获奖：一等奖（3）、二等奖（2）、三等奖（1）	5		

（3）教师资格定期注册

从上海幼儿园样本教师总体数据结果来看，学历学位（51.3%）、教龄（48.7%）和进修情况（41.3%）是教师资格定期注册中教师认为最重要的前三项指标。这与全国调查数据有些差异，进修情况不是全国调查样本教师认为最重要的前三项指标之一，他们认为做好日常保教活动比较重要。在这一指标的认识上，上海三所样本幼儿园也存在显著差异（$P < 0.001$）。80.0% 的 HN 幼儿园教师认为进修情况是教师资格定期注册中最重要的前三项指标之一，而郊区的两所样本幼儿园的该项比例分别为 22.4% 和 43.3%。此外，上海的园长把教龄、专业称号和各类奖项看作最重要的前三项考核指标。这说明教师比园长更看重进修的重要性。

（4）职务岗位等级晋升

从上海幼儿园样本教师总体数据结果来看，专业称号（42.7%）、各类奖项（45.3%）、课题及科研论文发表情况（56.0%）是职务岗位等级晋升评价中教师认为最重要的前三项指标。对园长而言，除了与教师一样重视各类奖项和课题及科研论文发表情况外，还重视进修情况（66.7%）。这说明在职务岗位等级晋升上，校长比教师更看重教师专业提升的过程。

对三所样本幼儿园教师的作答进行比较后发现，郊区的样本幼儿园教师的作答情况与样本教师总体一致。而中心城区代表 H 的 HN 教师则完全不同，他们把进修情况、课题及科研论文发表情况和日常保教活动视作职务岗位等级晋升中最重要的前三项指标。76.0% 的该园教师选择了日常保教活动，郊区的样本幼儿园的该项比例分别为 19.4% 和 13.8%；此外，HN 的教师选择课题及科研论文发表情况为最重要的考核指标的比例为 80.0%，显著高于郊区的样本幼儿园。这说明，与郊区的样本幼儿园相比，中心城区代表 H 的样本幼儿园教师对职务岗位等级晋升的认识和理念较为全面，所看重的指标不仅有与幼儿相勾连的内容，还有与教师专业成长和教研成果相关联的内容。

（5）评优评先

从幼儿园样本教师总体来看，各类奖项（51.3%）、日常保教活动（40.7%）和课题及科研论文发表情况（44.7%）是评优评先中教师认为最重要的前三项指标。此外，调研结果显示：园长的看法与教师保持一致。特别的是，园长除重视上述考核指标之外，还把职务列为最重要的前三项考核指标之一。

对三所样本幼儿园进行比较后发现，中心城区代表的 HN 幼儿园选择课题及科研论文发表情况和日常保教活动为主要考核指标的教师比例显著高于郊区的样本幼儿园（P < 0.001）。值得注意的是，该园教师还十分看重交流协作及团队意识在评优评先中的重要性，72.0% 的 HN 幼儿园教师选择了该项指标，而另外两区样本幼儿园的该项比例仅为 22.4% 和 33.6%。这一点在访谈中也有所体现，HNL1 谈到该园的教师评价文化时，特别强调了教师团队文化建设的作用，该园"仁爱、自然、大气、追求真善美的文化，使得教师专业发展上的需求或矛盾，通过隐性的、人文的沟通来化解掉了"。

（6）新教师见习期后评价

从幼儿园样本教师总体来看，幼儿的安全与健康（48.0%）、日常保教活动（73.3%）、幼儿的行为习惯（28.0%）和进修情况（28.0%）是新教师见习期后评价中教师认为最重要的前三项指标。园长则仅选择了幼儿认识世界的兴趣和能力以及日常保教活动作为新教师见习期后评价中最重要的考核指标。这一结果与全国调查中的数据有一定差异：进修情况并没有出现在全国教师调查数据中的前三项，幼儿认识世界的兴趣与能力也没有出现在全国校长调查数据中的前三项。可见，上海的幼儿园教师更重视自己的培训与进修机会；上海的幼儿园园长更具有"以幼儿为中心"的教育教学理念和教师发展理念。

对于新教师见习期后评价，三所样本幼儿园教师对主要考核指标的重要性认识上存在显著差异。HN 幼儿园教师把幼儿的安全与健康（80.0%）、日常保健活动（84.0%）和交流协作及团队意识（60.0%）视作最重要的前三项考核指标；CN 幼儿园教师把日常保教活动、幼儿的安全与健康和幼儿的行为习惯视作最重要的前三项考核指标；BN 幼儿园教师把日常保教活动、幼儿的安全与健康和进修情况视作最重要的前三项考核指标。可见，HN 幼儿园教师更看重教师协作；CN 幼儿园教师更看重幼儿的行为习惯；BN 幼儿园教师则更为重视专业学习和提升的质量。

（7）在职培训评价

从上海幼儿园样本教师总体来看，进修情况（52.7%）、日常保教活动（45.3%）和课题及科研论文发表情况（26.0%）是在职培训评价中教师认为最重要的前三项指标。比较而言，园长同时把各类奖项（66.7%）、专业称号（66.7%）、课题及科研论文发表情况（33.3%）、所教内容无小学化倾向（33.3%）和进修情况（33.3%）并列为最重要的考核指标。可见，在对教师在职培训的考核上，园长更看重教师在进修过程后所获得的荣誉等。

对三所样本幼儿园教师进行差异分析后发现，"进修情况"和"日常保教活动"是三所幼儿园教师一致认为最重要的前三项考核指标之一。除此之外，三所幼儿园教师的看法存在差异。HN 幼儿园教师更加看重学历学位在教师在职培训评价中的重要性，52.0% 的教师选择了学历学位考核指标，而郊区的该项比例仅分别为 4.5% 和 5.2%。不过，在后续访谈调查中，并没有发现 HN 教师对学历学位提升的需求。CN 幼儿园教师更加重视幼儿的能力培养，如约 1/3 的该所幼儿园教师同时把幼儿认识世界的兴趣和能力、幼儿的同伴关系与解决困难的能力作为最主要的三项考核指标之一；BN 幼儿园教师则更加重视课题及科研论文发表情况。

2. 中小学教师不同类型评价的内容依据

（1）师德师风评价

从上海中小学样本教师数据结果来看，对特殊学生的关心和个别化指导

（47.3%）、日常课堂教学（42.1%）及班级每个学生的学习情况（41.4%）是教师普遍认为在师德师风评价中最重要的前三项指标。与全国调查结果相比较，全国中小学样本教师的师德师风评价指标对班级每个学生的学习情况看重程度低于上海样本教师，而更看重学生的日常行为表现。

表 4-14　上海中小学教师评价中的考核指标（最重要的前三项）

	班级每个学生的学习情况	学生升学率	优秀学生学习情况	学生获奖情况	学生日常行为表现	对特殊学生的关心和个别化指导	学历学位	教龄	职务	专业称号	进修情况	课题及科研论文发表情况	各类奖项	日常课堂教学	交流协作及团队意识	支教经历
教师资格定期注册							■	●			●			■		
评优评先	●			●									●	■●	●	
职务岗位等级晋升										■			●	●		
新教师见习期后评价	■				●							●			●	
师德师风评价					●	■●									●	
常规年度绩效评价	■●	■											●	■●		
在职培训评价												■●	●	■●		

注：灰填充方框代表教师所选指标，圆点代表园长所选指标。

与教师相比，上海中小学校长则认为交流协作及团队意识（85.7%）、对特殊学生的关心和个别化指导（71.4%）、学生日常行为表现（42.9%）是师德师风评价中最重要的前三项指标。这说明，校长与教师站位不同，关注的侧重点不同，教师关注学生的学习和课堂，校长则超越了课堂和学生的学习，更加关注学生的行为表现和教师的团队意识。

（2）常规年度绩效考核

从上海中小学样本教师数据来看，日常课堂教学（51.7%）、班级每个学生的学习情况（48.4%）和学生升学率（26.9%）是常规年度绩效评价中教师认为最重要的前三项指标。在全国样本教师调查中，学生升学率并没有排进最重要指标前三项，可见上海教师更重视学生的成绩和升学情况。除日常课堂教学和班级每个学生的学习情况之外。

从学段分布来看，除不同学段都重视日常课堂教学之外，小学教师更看重各类奖项（37.1%）和专业称号（23.8%）；初中教师（61.8%）比小学教师（41.5%）和高中教师（44.4%）更重视班级每个学生的学习情况和学生升学率；高中教师（14.0%）比小学（5.6%）和初中（9.9%）更加重视优秀学生的学习情况（$P < 0.01$）。

（3）教师资格定期注册

从上海中小学样本教师数据来看，教龄（58.7%）、学历学位（35.9%）和日常课堂教学（35.1%）是教师资格定期注册评价中教师认为最重要的前三项指标，与全国调查结果一致。与教师的作答进行对比后发现，上海中小学校长比教师更加看重进修情况。71.4%的校长认为教师进修情况是教师资格定期注册考核中最主要的指标之一。

从学段分布来看，小学教师把教龄、日常课堂教学和进修情况作为该项评价最重要的考核指标；初中教师把学历学位、教龄和职务看作最主要的三项考核指标；高中教师把日常课堂教学、教龄和学历学位看作最主要的三项考核指标。可见，相对于其他学段的教师，初中教师在教师资格定期注册中更加倾向固定的且体现资历的指标。

尽管问卷调查中呈现了上述结果，但是在实际访谈时，本研究发现，无论是幼儿园还是中小学，教师资格定期注册都是学校委派专人统一到区教育主管部门进行注册，除了师德一票否决和重大教学事故等情况外，几乎所有教师都能够顺利获得下一个五年的资格认定。

（4）职务岗位等级晋升

从上海中小学样本教师数据来看，教龄（44.7%）、日常课堂教学（36.2%）、课题及科研论文发表情况（36.6%）是职务岗位等级晋升中教师认为最重要的前三项指标。相比教师，上海中小学校长更加重视各类奖项在职务岗位等级晋升中的作用。57.1%的校长把各类奖项作为职务岗位等级晋升中的主要考核指标之一，而教师的该项比例仅为27.7%。

从各学段分布来看，除日常课堂教学和教龄之外，小学教师更加看重各类奖项（P < 0.01），初中和高中教师更加看重课题及科研论文发表情况（P < 0.01）。

（5）评优评先

从上海中小学样本教师数据来看，日常课堂教学（43.4%）、班级每个学生的学习情况（33.9%）和各类奖项（38.5%）是评优评先中教师认为最重要的前三项指标。这与全国调查的结果一致。与教师相比，除日常课堂教学和班级每个学生的学习情况之外，上海中小学校长还会兼顾学生获奖情况（28.6%）、课题及科研论文发表情况（28.6%）和交流协作及团队意识（28.6%）等考核指标。

从各学段分布来看，小学教师比初中和高中教师更看重日常课堂教学和各类奖项（P < 0.001）；初中和高中教师比小学教师更看重班级每个学生的学习情况在对教师评优评先的评价考核中的作用（P < 0.001）。

（6）新教师见习期后评价

从上海中小学样本教师数据来看，日常课堂教学（65.9%）、班级每个学生的学习情况（48.4%）和进修情况（31.1%）是新教师见习期后评价中教师认为最重要的前三项指标。进修情况在全国调查数据中没有出现在前三位。可见，上海职初期教师结束第一年见习规范化培训后，仍然可以获得一些进修、培训的机会。不过，上海中小学校长与教师的看法存在差异。校长认为进修情况（85.7%）、学生日常行为表现（42.9%）和交流协作及团队意识（28.6%）是最主要的前三项指标。这说明校长更加关注教师入职培训的效果和所具备的团队合作精神，而教师更关注自身的胜任力，聚焦学生和教学。从学段分布来看，与教师总体的回答一致且各学段间未发现显著差异。

（7）在职培训评价

从上海中小学样本教师数据来看，进修情况（53.9%）、课题及科研论文发表情况（39.3%）和日常课堂教学（35.7%）是教师在职培训评价中教师认为最重要的前三项指标。上海中小学校长与教师的认识一致。而且在这一指标上，与全国调查数据结果也是一致的。

从学段分布来看，中小学教师的看法也与教师总体一致。其中，在日常课堂教学指标上，小学教师的比例（52.0%）显著高于初中（28.8%）和高中（28.4%）（ P ＜ 0.001 ）；在进修情况指标上，初中教师（60.7%）的比例显著高于小学（53.2%）和高中（49.9%）（ P ＜ 0.05 ）。

（五）评价效果

1. 评价后获得反馈的情况

调查结果显示：100% 的上海样本幼儿园园长表示在上年度开展教师评价后，向本园所教师提供过反馈；97.3% 的上海样本教师表示在本园的教师评价后获得过反馈。经差异性检验后发现，教师在评价后获得反馈上三所样本幼儿园之间不存在显著差异。100% 的中心城区代表 H 和近郊区代表 B 的样本幼儿园教师均表示在评价后获得过反馈，远郊区代表 C 的 CN 幼儿园的该项比例为 94.1%。

上海样本中小学数据显示：88.9% 的校长表示在上年度开展教师评价后，向本校教师提供过反馈；96.7% 的教师表示在本校的教师评价后获得过反馈。这说明教师与校长的回答一致，且教师感受到的比校长反映的还要积极和正向。

经差异性检验后发现：上海样本教师在评价后获得反馈上，三个区存在显著差异；100% 的中心城区代表 H 的教师表示在最近 12 个月在评价后接受过学校提供的反馈，该比例显著高于近郊区代表 B（93.2%）和远郊区代表 C（97.5%）（ P ＜ 0.001 ）。经 T 检验后发现：各学段也存在显著差异，100% 的初中教师表示在最近 12 个月评价后接受过学校提供的反馈，该比例显著高于小学（96.4%）和高中（95.0%）（ P ＜ 0.05 ）。

2. 评价对教学改进的效果

（1）幼儿园教师评价反馈对教学改进的作用

通过采用全国幼儿园样本教师调查数据的正交旋转的探索性因子分析法得出的教育教学知识、教育与评价能力和幼儿指导三个指数，来分析上海幼儿园样本教师对评价反馈改进教学情况的看法，发现结果与全国调查结果差异不大。

幼儿指导指数由对幼儿年龄特征的把握、对幼儿的理解与关注及对幼儿发展水平的了解与把握构成。从百分比分布来看，超过 90.0% 的上海样本教师认为反馈对上述三方面的改进产生了积极影响，全国调查中此项百分比超过 95.0%。

教育教学知识指数由对教材的理解与把握、对一日活动中保育的认识与把握和对家园共育的认识与把握构成。从百分比分布来看，超过 95.0% 的上海样本教师认为反馈对上述三方面的改进产生了积极影响，全国调查结果与此一致。

教育与评价能力指数由保育活动组织能力、班级管理能力、使用信息技术的能力、分析和评估儿童发展水平的能力以及通过分析和评估调整保教行为的能力构成。从百分比分布来看，约90.0%的上海样本教师认为反馈对上述五方面的改进产生了积极影响。其中，教师认同评价对提升教师使用信息技术的能力有很大影响的比例显著低于其他几项（P < 0.001）。这一结果也与全国调查发现一致。

对三所样本幼儿园进行差异比较后发现，教师认为评价在对上述教学工作改进的积极影响程度上，中心城区代表H和远郊区代表C的样本幼儿园之间无显著差异，而近郊区代表B的BN幼儿园显著低于其他两所样本幼儿园（P < 0.001）。这说明，三所幼儿园教师整体较为认可评价对上述几项教学工作的改进效果，近郊区代表B的BN幼儿园教师的认可程度相对偏弱。经相关分析后发现，教师没有因为教龄、学历和职称等背景的差异而影响他们对评价效果的认识。

（2）中小学教师评价反馈对教学改进的作用

通过采用全国中小学样本教师调查数据的正交旋转的探索性因子分析法得出的学科知识、教学能力、作业设计与批改、学生指导、学生评价指数，来分析上海中小学样本教师对评价反馈改进教学情况的看法，发现结果与全国调查结果略有差异。从百分比分布来看，超过90.0%的上海样本教师认为反馈对上述五方面的改进产生了积极影响，这一比例超过全国样本数据5.0%。上海样本中小学校长和教师均认为反馈对教学工作的提升产生了积极影响，且教师的认同度要高于校长。在这一点上与全国调查结果相悖，全国中小学样本数据显示在这方面校长的认同度要高于教师。

从影响的具体方面来看，对上海中小学样本教师而言，反馈在对学生评价、教学能力、学科知识、学生指导和作业设计与批改的改进效果上无显著差异。经方差分析

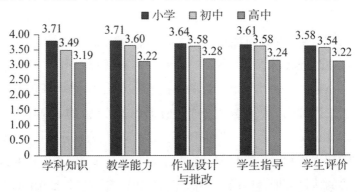

图4-38　上海中小学教师评价反馈对教学工作改进的影响（按学段）

后发现,各区域间教师在对上述五方面评价所起到的改进效果上,其认识无显著差异。

按不同学段比较后发现,反馈在对上述教学工作改进的积极影响上,上海样本小学教师的认同度显著高于初中和高中教师,高中教师显著低于小学和初中教师。除了在评价后的反馈对学科知识的改进上,小学和初中存在显著差异外,在其他各项的改进效果上,小学和初中教师的感受无显著差异。此外,教师的性别、教龄及职称等背景与他们对反馈效果的认识不相关。

3. 评价结果运用的情况

针对问卷中的问题调研了教师和校/园长上年度绩效评价结果的对教师专业发展、岗位调整、提高工资水平、解聘转岗等 15 项内容的作用程度,采用全国中小学样本教师调查数据的正交旋转的探索性因子分析法得出的教师专业发展、奖励绩优教师和惩罚绩差教师指数,对上海幼儿园样本教师和中小学样本教师的数据进行分析。

(1)上海幼儿园教师对评价效果的认识

从总体来看,约 2/3 的幼儿园样本教师认为评价结果在教师专业发展、奖励绩优教师和惩罚绩差教师上有作用(包括作用一般和作用很大)。经 T 检验后发

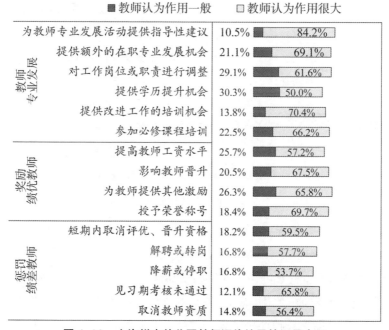

图 4-39　上海样本幼儿园教师评价结果的运用水平

现，教师认为评价结果在上述几项上的效果强度，从强到弱依次为教师专业发展（指数均值 3.52）、奖励绩优教师（指数均值 3.47）和惩罚绩差教师（指数均值 3.16），显著性水平为 P < 0.001。访谈数据中也发现评价结果大多用于绩效和奖励教师，只有个别案例会出现因评价绩差而降薪的情况。例如，CN 幼儿园曾出现放学时有小朋友自己走出园门，带班老师比其他老师晚发现这个小朋友自己走出去，就被扣除了一学年的"安全奖"。

（2）上海中小学教师对评价效果的认识

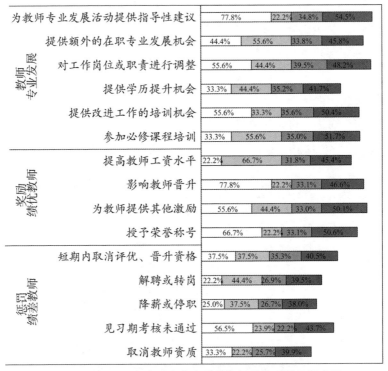

图 4-40　上海样本中小学教师评价结果的运用水平

68.3% 的上海中小学样本教师认为上年度绩效评价结果对教师专业发展的作用很大，校长的该项比例为 77.8%；64.3% 的教师认为上年度绩效评价结果对奖励绩优教师有很大作用，校长的该项比例为 77.8%；55.7% 的教师认为上年度绩效评价结果对惩罚绩差教师的作用很大，校长的该项比例为 55.6%。与全国调查结果对比发现，上海中小学教师评价结果对教师专业发展和奖励绩优教师的作用要显著大于其对惩罚绩差教师的作用；与校长比教师更加肯定评价结果的作用一致。

从评价结果具有很大作用的角度来看，上海样本中小学校长与教师在诸多方面的认识差异显著。第一，在评价结果对专业发展的影响上，教师更加认同评价结果对获得学历提升机会的作用很大。41.7%的教师认为评价结果对获得学历提升机会有很大作用，仅有33.3%的校长认同。校长更加认同评价结果为教师专业发展提供指导性建议，77.8%的校长认为作用很大，教师的比例仅为54.5%。在访谈中也可以发现，校长在教师学历方面关注的并非学历的提升，而是越来越多非师范类专业毕业生从事教师职业后，如何有针对性地促进他们的专业发展。

第二，在奖励绩优教师方面，教师更加认同评价结果对提升工资的作用很大。45.4%的教师认为评价结果对工资水平有很大作用，校长的该项比例为22.2%。校长更加认同评价结果对教师晋升的效果很大，77.8%的校长认为评价结果对教师晋升有很大作用，教师的该项比例为46.6%。关于绩效考核和绩效工资的关系问题，所有样本学校在访谈中都提到各类评价结果会用于年终的绩效工资分配，但总体而言，对绩效工资系数影响不大，教师获得的绩效奖励也不会有太大差距，甚至会出现副校长、副书记、教务主任等学校管理者和学校中层干部的绩效系数低于没有任何职务的骨干教师（CPL1、CPL2）。样本学校管理者们的观念更多指向通过绩效指标的客观量化，让教师了解、认识自己的专业发展情况，激发教师有目标地实现自主发展（CJL1、HSL1）。

第三，在惩罚绩差教师方面，教师比校长更认同评价结果对解聘或转岗、降薪或停职以及取消教师资质的效果很大。38.0%的教师认为评价结果对降薪或停职作用很大，校长的该项比例为25.0%；39.5%的教师认为评价结果对解聘或转岗作用很大，校长的该项比例为22.2%。但访谈过程中发现，很少有学校管理者使用评价结果对教师进行降薪、停职、解聘等处理。只有样本学校HS的校长提到该校量化评价指标和平台建设过程中，"会有个别教师不认同这样的做法，那么这些教师要么转变观念，要么主动提出离开学校"（HSL1）。

（六）评价改进与建议

1. 上海样本幼儿园对评价改进的建议

从上海样本幼儿园教师总体回答的情况来看，最迫切需要改进的依次为评价反馈与结果应用（60.4%）、评价方式方法（59.0%）、评价内容（45.3%）、评价主体（14.4%）和评价流程（5.0%）。在限选两项的要求下，按类型统计后发现，27.1%

的教师同时选择了评价方式方法和评价反馈与结果应用，19.4%的教师同时选择了评价内容和评价反馈与结果应用。可见，评价内容、方式方法，尤其是评价反馈与结果应用是教师反映目前亟待改进之处。

对三所样本幼儿园进行差异分析后发现，除了在评价反馈与结果应用和评价主体的改进上，三所样本幼儿园教师的看法不存在显著差异外，其余选项上均存在显著差异。HN 幼儿园教师在认为需要改进评价方式方法和评价流程上的比例均显著高于其他两所样本幼儿园教师（ P < 0.05 ）。CN 幼儿园教师在认为需要改进评价内容上的比例显著高于其他两所幼儿园（ P < 0.0001 ）。可见，在对评价改进的建议上，改进评价反馈与结果应用是三所样本幼儿园教师的共识，在其他选项上不同幼儿园教师具有不同的侧重点。

对三所样本幼儿园访谈数据进行分析发现，园长们在提出评价改进的意见时，提到如下几方面的内容。第一，将评价对标教师的成长，帮助教师发现自身的特点，找到能够发挥个人特长的场地和平台。第二，通过评价激励教师的内在动力，推动教师自由生长、自我考核、自我反思和自我评价。第三，要完善幼儿园教师的评价内容，突出幼儿教师的专业特征，如将弹、唱、跳、绘画等素养纳入幼儿教师的基本功考核中；增加对教师的心理健康评价，因为幼儿教师长时间工作在嘈杂的环境中，会影响教师的身心状态。第四，在评价方式上，增加教师自评的负责度、参与感和浸入度，以此来提高评价的实效。例如，BN 幼儿园开展文案评价时发现一些教师获得反馈后的改进情况不理想，为此该园改变了评价方式，由每个月文案评价分数低的教师承担下一个月同组教师的文案评价，这样可以让这位教师浸入式地对比他与其他教师文案的差距、与文案评价指标的差距，进而找到问题所在。

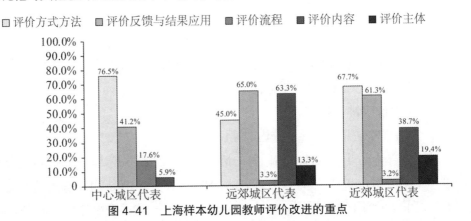

图 4-41　上海样本幼儿园教师评价改进的重点

2. 上海样本中小学对评价改进的建议

从上海中小学样本问卷回答来看，评价内容是上海中小学教师和校长均认为是目前教师评价最需要改进的地方。但在对评价方式方法的改进上，校长和教师的看法差异较大。60.8% 的教师认为评价方式是目前亟待改进的，而校长的该项比例仅为 25.0%。而校长则比教师更关注通过改进评价反馈与结果应用来提升教师评价工作，这一比例高达 75.0%，超出全国调查中此项指标的 20.0%（全国数据中此项校长选择比例为 55.0%）。另外，上海校长在评价方式方法改进上的需求比例远低于全国数据（上海数据为 25.0%，全国数据为 55.0%）；在评价主体改进上的需求高于全国数据（上海数据为 37.5%，全国数据为 20.0%）。

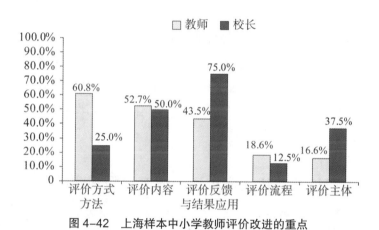

图 4-42　上海样本中小学教师评价改进的重点

从学段分布来看，小学教师比初中和高中教师更多地认为亟待改进评价内容和评价方式方法；高中教师比小学和初中教师更加认同亟待改进评价主体和评价反馈与结果应用。

对 9 所样本中小学访谈数据进行分析发现，通过评价激励教师的自主发展、提升自学能力和追求卓越的精神是中小学校长和教师都一致认同的现行评价理念和未来要继续坚持的评价目标。绝大多数学校管理者和教师都提到了评价的作用，不是为了选优，而是为了帮助教师认识自己、突破自己，更好地提升自己。此外，对中小学校长而言，评价改进的重点方向有如下几点：第一，要依托评价制度，建立鼓舞教师积极向上的精神力量和协作共进的团队文化，通过教师群体发展带动教师个体发展；第二，要强化评价结果的应用，特别是将优秀教师的评价事迹和案例作为鞭策青年教师专业进步的素材，丰富考核评价的情境化，增强青年教师具身体验。

对上海样本中小学教师而言，他们在评价改进方面提到的建议与学校管理者们提到的内容方向差异较大，学校管理者关注机制建设、文化建设方面的改进策略，而教师们更关注评价与个人发展之间的关联性。主要改进建议包括以下几点。第一，评价的目的在于，激发教师真正内驱力的前提是必须增强对教师专业性的认可，目前多种多样的评价考核制度下，教师的专业性仿佛受到质疑，越来越被忽视。第二，在评价方式上，要重视过程性评价和跟踪性评价，例如，目前一些学校将教师的1年或3年专业发展规划作为某些考核制度的监测依据，但是在教师个人发展规划制定与实施过程中却缺乏指导，规划的实效性不大，对教师专业成长的追踪意义也不大。第三，目前各个学校的教师评价内容都趋于综合化、全面化，但是指标、条目、要素过多，应适当做减法，减轻教师负担。而且，教师评价内容的指标要能够成为教师专业发展或者行为改进的行动指引，而非仅精细地用于应对绩效考核。第四，要在评价者和被评价者之间建立良好的沟通机制，这种机制不仅要保证两者对评价指标的理解一致性，还要增强评价后的反馈与研讨，更要形成一种有助于被评价者学习或评价者与被评价者互相学习的渠道。

第三节　优质学校评价体系田野观察视角

本研究在对问卷调查和访谈数据进行互补解释分析时发现，由于问卷设计工作前置，又考虑到与全国问卷调查结果的可比性，所以访谈中获得的很多信息无法在问卷数据分析时全部反映出来。因此，本研究以两所样本学校的教师评价实践为案例，通过田野观察的方式，考察学校整体性教师评价实践过程，来呈现基层学校教师评价工作的理念、原则、内容、策略和特色亮点。

一、样本学校 BJ 校本教师评价实践
（一）基本情况

样本学校 BJ 是国内首个"问题化学习"的母体实验学校，在问题化学习方面具有成熟的经验。作为问题化学习成果的孵化器，离不开具有以问题化学习为核心的教育教学素养的教师，因此该学校在教师、评价体系中凸显了学校基于问题化学习目标，引导教师形成问题化学习的价值观，并将目标细化为月度的考核指

标与分级水平，通过数据化的过程性评价来保证评价的公平性，体现了促进教师团队协作共进与教师专业自我突破的评价特色。

（二）评价理念

评价理念体现了一所学校开展教师评价的价值导向，决定了学校实施评价的内容、形式、制度和参与主体，是教师评价中非常关键的问题。BJ学校作为一所新办四年的学校，围绕问题化学习的教育教学研究，在教育模式上具有很大的创新，这也对教师提出了更高的要求。在面对问题化学习的课堂时，即便是有多年教育经验的成熟教师或骨干教师也需要突破自己的原有经验，经历一个打破经验—实践反思—重新建构—实践改进的过程。

因此，学校管理者意识到学校里的每位教师不论教龄多少、经验多少，都是问题化学习的"新手"，应该从问题化学习实践与研究出发，唤醒并激发每位教师保持对教学的学习与研究的热情，鼓励教师不断挑战和突破自我；并且每一堂课的准备都是整个教学团队的智慧结晶，无法由一个教师单枪匹马地完成，必须充分发挥团队在问题化学习课堂研究与实践中的作用。进而促进教师团队协作共进，形成学校问题化学习教学价值观，以达成教师共同的行为准则。

（三）评价制度

第一，学校形成了"学校四大管理中心—四大级部—教师个人"的评价组织架构，保障教师评价的顺利有效开展。四大管理中心（学校学生发展中心、课程发展中心、人力资源中心和行政中心）制定相关的月度细化的分级考核标准，于每月月底公布下月的考核方案，并在月底对教师进行考核。四大级部（小学低年级、小学中高年级、初中低年级、初中高年级）负责具体推进实施，主要依据教师对各项任务的完成情况，根据考评标准进行打分。

第二，建立了月度常规考核和年终述职相结合的评价制度，侧重每月的过程性评价，以发挥评价对教师专业发展的改进作用，并重视月度考核的实施与结果反馈，每月由各级部的相关负责人对教师评价结果进行反馈。

第三，搭建了"见习教师展示平台""有道讲台""问道论坛"三大交流展示平台，通过不同平台的常规活动让每位教师展示自己，将平台展示与教师评价结合起来，让教师的进步与成果获得外界的认可与鼓励，激发教师的内在动力。

第四，发展了基于问题化学习研究的优秀教师激励体系，通过问题化学习研究员、问题化学习品牌教师和问题化学习种子教师的评选，为教师的专业进阶发展铺设道路。

（四）评价内容

评价的主要内容包括师德师风、专业能力和日常行规三大板块。师德师风主要是衡量教师是否热爱教师职业和学生，考量是否有师德负面清单的情况；专业能力包括基于问题化学习的单元统整、校本研修、金口讲坛、公开课和听评课以及班主任工作；日常行规包括出勤情况等。此外，特别围绕问题化学习的发展目标，制定相关教师专业月度考核标准，并且随着问题化学习研究的深入开展和教师问题化学习教学水平的提高，评价标准的制定具有动态发展、遵循师情、符合教师专业发展最近发展区等特点，以引导教师不断提升专业水平。

（五）评价实施

学校采用基于数据的过程性评价和终结性评价相结合的形式，以确保教师评价的客观性和有效性。在每月的月度考核中，会根据具体的评价指标赋予教师相应等级或分数，采取自评、互评、领导评相结合的形式，最终形成年度考核结果。在展示和评优的相关评价中，均采用各级部、各学科教师自主报名，中心组审稿，对选定的课程进行共同研修指导，以发挥教师的自主性。

（六）评价主体

教师评价的开展主要由教师本人、同事、级部负责人、中心、外部专家以及家长组成。教师本人对照评价指标进行具体工作实施，并完成考核表中各部分材料的填写；同事在校本研修等环节开展评价，级部相关负责人结合教师的真实表现与填报内容进行评分；学校中心管理层进行认定；在评优和展示中由外部专家对教师进行评价；家长通过参与课堂观察、完成问卷调研来为教师评价提供参考。初中级部还会请学生对教师的专业水平进行评价，以丰富评价的多方信息。

（七）评价工作特色亮点

学校基于问题化学习的学校特色，也探索形成了促进教师问题化学习价值观养成和素养提升的教师评价经验。在评价理念上，一方面注重学校教师共同价值观的养成，以达成共同的行为准则，这是教师评价的核心；另一方面强调评价促进教师团队的协作共进和教师个体的专业发展，这是评价的根本目的。在评价内容上，一方面注重教师的专业能力，特别是基于问题化学习的教学能力和相关的教学研究能力；另一方面也关注与教师评价和学生问题化学习能力培养的联系。

在评价方式上，强调基于数据评价的客观性。通过评价的实施，弱化了教师间的竞争，加强了合作，使教师团队同进步、共发展。同时，通过积极创建平台，使教师能有更多的机会平台获得来自各方的认可，充分激发教师的内在动力，形成积极向上的校内管理文化。

（八）评价工作经验启示

第一，教师评价需要确立评价的核心理念，形成与教师评价理念相适应的学校文化，以确保评价制度的设计、内容和方式的制定以及结果的效果。

第二，教师评价需要围绕教学问题的解决，激发教师内驱力和自主性，挖掘不同专业发展阶段教师的潜力，助推教师不断实现自我突破。

二、样本学校 HS 校本教师评价实践

（一）基本情况

样本学校 HS 自 2005 年起成为上海市实验性示范性高级中学，其办学思想是"积极研究、勇于尝试、艰苦卓越"，办学策略是"以德立校、依规治校、数字强校"，办学理念是造就"研究型学生、研究型教师、研究型学校文化"。从中可以发现，"研究""依规""数字""尝试""卓越"是学校办学宗旨的关键词，这样的宗旨与理念也渗透在教师评价工作中。

（二）评价理念

HS 学校的教师评价工作理念一直试图回答新时代需要什么样的教师，如什么样的教师符合新高考改革的要求？什么样的教师才能扮演好学生成长导师的角色？如何把握新技术、新思想、新模式在教师培养中的作用？未来的学校又需要什么样的教师？特别是，"如何通过评价发现教师的潜能，引导教师走上专业发展之路"成为该校校本评价旨在解决的核心问题，通过基础性、发展性和特色性评价内容，推动教师自主发展。

（三）评价制度

学校基于罗杰斯和阿德勒的人本主义心理学思想，构建了以人本化为基石、以数字信息为手段、独具特色的校本教师评价制度文化，并且形成一系列评价原则，包括：树立人本化的评价原则，培育和谐友善的教师评价文化；树立可视化的评价原则，培育关注实效的教师评价文化；树立多元化的评价原则，培育内涵丰富的教师评价文化；树立实证化的评价原则，培育科学理性的教师评价文化；树

立信息化的评价原则,培育便利快捷的教师评价文化。

(四)评价内容与实施办法

HS 学校建立了教师评价量化系统,运用客观的数字化评价手段记录教师专业发展过程,形成教师自画像。HS 学校经研究发现,教师之间的区别主要在于结构化的知识储备,在于理解、分析和解决问题的能力,在于策略的灵活应用,所以新高考下教师的评价应该包含师德修养、专业态度、专业知识、专业能力和心理健康状况等要素。

因此,上述这些内容体现在学校设计的教师评价量化"千分表"中。"千分表"显示,师德师风考核结果具有一票否决权;专业态度和专业能力是教师评价的核心内容,所占分值最高。对高中学校而言,学生的学业考试质量仍然是考核教师时最关注的内容,占到 250 分,相当于"千分表" 1/4 的分值。另外,达到规定工作量、完成岗位任务也是最为基础的评价内容。团队教育质量是该校的一个特色,即在教师评价中不仅考虑教师的个人表现,同时也考察他所在教研组、备课组的团队整体教育教学水平。

表 4-15 样本学校 HS 的校本教师评价量化"千分表"

一级指标	二级指标	三级指标	评估分值	考评方法
师德师风			0	严重师德师风违规现象
专业态度 400	遵规守纪	无违纪现象	50	按实际检查结果一次扣完
	工作满量	达到规定工作量	100	按实际工作量 / 额定工作量计算
	考勤记录	教工学习考勤	30	按出勤次数 / 大会实际次数计算
		教研活动考勤	20	按出勤次数 / 活动实际次数计算
		其他活动考勤	20	按出勤次数 / 活动实际次数计算
	完成任务	岗位任务	100	一般教师按完成任务程度赋分
		研修任务	30	按未完成任务一次扣完
		额外任务	20	按承担额外的临时性任务考核赋分
	检查记录	日常教学抽查	30	按行为严重程度扣分 / 次,扣完为止

（续表）

一级指标	二级指标	三级指标	评估分值	考评方法
专业能力 400	育智实效	学业考试质量	250	按实际效果／期望效果分类考核赋分
	育德实绩	团队教育质量	80	按备课组长、教研组长、班主任或学部副部长分类考核赋分
	学生评价	学生评价结果	20	按评价结果考核赋分
	教学展示	承担教学展示	50	按国家、省（市）、区、校分类分次赋分，满分结束
专业特色 150	各类获奖	教研、德育等	30	按国家、省（市）、区、校分类分次赋分，满分结束
	各类荣誉	单项或综合荣誉	30	按国家、省（市）、区、校分类分次赋分，满分结束
	带教成果	学员成绩突出	15	按国家、省（市）、区、校分类分次赋分，满分结束
		学生成绩突出	15	按国家、省（市）、区、校分类分次赋分，满分结束
	学术发表	学术专著与论文发表	20	按国家、省（市）、区、校分类分次赋分，满分结束
		课题研究	20	按国家、省（市）、区、校分类分次赋分，满分结束
	示范辐射	援郊远边	10	支教郊区学校或偏远省市
		对外交流	10	按开设区级、市级及以上师训课程分类赋分，满分结束
突出贡献 50	重大工作	学校发展	50	根据贡献大小分类赋分，满分结束

（五）评价主体

从评价主体上看，校长等学校管理班子虽然成立考核评价工作领导小组，但不是教师评价的最重要主体，如教学业绩方面的评分由教务处负责，教科研方面的评分由教师发展中心负责，但他们也不是最重要的评价主体。每一位教师才是考核评价的最重要主体。由于 IIS 学校采用组内与组外相结合、个人与团队相结合的方式进行评价打分，所以在对以组为单位的团队进行评分时，备课组长、教研组长、班主任或学部副部长等是评价主体；而对教师个人进行评分时，评价主体则是与他／她在同一备课组、教研组或年级组的同事。这样的评价主体安排可以有效避免打人情分，或者因教师队伍规模大，很多教师之间互相不了解而乱评分的现象。同时，还可以激励教师团队的建设。

（六）评价工作特色亮点

HS 学校教师评价的研究和实践，对于推进现代学校制度建设，提高学校内部管理效度；对于推动教师专业化水平发展，提升教职工服务意识和能力；对于建立合理的学校评价体系，提供有效的争优评优数据具有重要的意义。它是教师专业成长的阶梯，同时也为教师专业发展和学校可持续发展起到助推作用。

（七）评价工作经验启示

第一，HS 学校教师评价的价值基础以教师发展为核心，尊重人性发展的潜能，通过开放的评价方式来促进和引导教师的发展，把教师个人本性中追求卓越、高品质的需求激发出来，通过评价结果的反馈，促使教师成为自主发展者和自主学习者。

第二，HS 学校的教师评价体系以量化指标为基础，可视、可量化、容易操作，但同时又兼顾评价内容的全面综合，通过教师自画像系统，帮助教师进行自我诊断，了解自我，看到自身的特长和未来的发展方向。

第五章

专业成长中的教师评价

从其根本目的来看，对教师进行评价并不仅仅是为了衡量教师已经做过的工作，更着眼于教师的未来成长发展。本章将从教师专业成长角度，探讨教师评价系统如何在教师专业成长过程中发挥引导作用。

第一节　优秀教师专业成长的个人特征表现

一位优秀教师的专业成长和其自身的个人特征紧密联系在一起。个人特征指教师的人格特征、专业特征和生活特征。其中，人格特征是该群教师表现出的一种持久、稳定的心理结构，包括个体在环境中的情绪、动机、态度、性格、兴趣、理想、价值观等方面；专业特征是教师个人在专业发展过程中专业理念、专业态度与专业能力等方面的突出表现；生活特征是教师在工作领域之外所具有的生活习惯、兴趣爱好、家庭支持等方面的特点。

一、人格特征

教师虽然是具有稳定专业属性的职业，但毕业生在进入教师岗位时所具备的人格特征是不尽相同的。教师所具备的人格特征会与评价互动产生影响，这对探寻教师评价的运作机制非常重要。卡特尔教授将人格分为 16 项指标：乐群性、聪慧性、稳定性、恃强性、兴奋性、有恒性、敢为性、敏感性、怀疑性、幻想性、世故性、忧虑性、实验性、独立性、自律性、紧张性。在访谈和研究对象个人成长叙事的过程中，从这 16 个观测点对这些教师进行分析，结果发现优秀教师总体上表现出积极的人格特质。

（一）相似性的人格特征

第一，才识聪慧。人格特征的聪慧性比较强的表现是富有才识、善于抽象思考、学习能力强、思维敏捷等。研究对象从读书时代起就表现出聪慧的特质，不单单表现在才识和成绩方面，更重要的是有较强的学习能力、反思能力和适应能力，也就是很多有经验的专家在评价教师优秀与否时所看中的"悟性"。这些教师能在不同领域之间的知识与经验中比较自如地转换，反思到出现不足时背后的真实问题及其原因，且能够快速适应自己角色和环境的转变，以作出相应的调整。具有这样特性的教师，容易在倾向选拔优秀人才的评价体系中脱颖而出。

第二，情绪稳定。稳定性强表现为情绪稳定而成熟，能面对现实。任何人的成长之路都不会风平浪静，几位优秀教师分享了各自的专业发展历程。有开始对专业并不喜欢、对职业也不是很认同的，有不是很受领导认可而专业发展受限的，有半路从其他行业转入教师行业的，有行事风格受到怀疑的，还有学校管理遇到瓶颈而面临巨大压力的，但是不论遇到怎样的困境，优秀教师总能在不利的境遇中调整自己的心态，保持心态的稳定，从容面对现实。具有这样的人格特征，对面对评价的不确定性和不符合个人期待的情况有很好的调节作用。

第三，做事有恒。有恒性比较强的特征为有恒负责，做事尽职。优秀教师在应对大多事情时表现出很强的责任感，并且一旦接受一项工作，就会尽可能地做到极致，持之以恒地付出努力。即便所应对的事情具有挑战，或不受支持、不被看好，甚至遇到阻碍，都会想尽办法解决问题，寻找突破。

第四，专业自律。自律性强表现为知己知彼，自律严谨。该群教师在工作中总能保持较高的自律性，前提是对自己的定位把握比较准确，与其他普通教师相比，能够更清晰地认识、分析自己的优势与不足，可以快速校正自己，以获得改进，朝着一定的目标不断提升自己。与此同时，无论是时间管理，还是自己的专业学习、专业研究，该群教师总能自主、自觉地进行规划，按照计划执行，以达成目标。

（二）差异性的人格特征

在具备积极的相似性特征的同时，这群优秀教师的特质也存在差异。这些差异又大致可以分为两类：一类体现为积极主动和敢想敢为，独立性、敢为性、实验性都表现明显；另一类则体现出相对稳重谨慎、谦逊恭顺的特质。

在研究对象个人成长的过程中，都经历过一些有关专业发展的关键性事件。比如：学习路上的学历提升，或从教师岗位脱产进行学历提升，或从管理岗位向具有挑战性的博士学位冲刺；职业发展路上的职业认同，或从其他行业回归教师岗位，或从不喜欢到决定扎根在教育行业；专业发展道路上对自己专业的确定，或从本学科专业转向学生德育，或从发展管理重新回归教学；自我成长之路上的自我突破，或从不受认可到自我实现，或从按部就班到迎接挑战……这些都是个人在专业发展的关键节点所作出的重要抉择，体现出其人格的特性。

一部分优秀教师在关键抉择上常常坚持自己的本心，根据自己的价值判断果断且独立地作出决定；面对不利于自己的外在评价时，在正视批评的同时，还能坚持自我；面对条件限制时，不拘泥于现实，一旦做了决定，就少有顾及，全力以赴。对于这类教师，他们敢于突破条件限制，积极承担，敢于创新，有很强的攻克难关、解决问题、寻求突破的内在动力，更能在专业发展的过程中取得突破性成果。因此，在教师评价的生态里，由于创新与实干，也更容易在评价系统中获得成果。

还有一部分优秀教师在自己专业发展的道路上很愿意听从前辈的建议，并在权威的引导、赏识与期待中努力奋进，在他们的肯定与信任下把每件事尽力做好，也在权威的指点下不断反思与成长。在评价生态的互动中，由于自身的努力与顺从，能够不断得到权威积极的正向反馈，因此助推他们不断拓宽自己的专业领域，或将自己的专业领域向纵深拓展。

二、专业特征

专业特征是教师个人在专业发展过程中所体现的专业理念、专业态度和专业能力。其中，专业理念是对自己专业形成的认识与价值观；专业态度是在专业发展过程中形成的对专业的认同和对待专业事务的态度；专业能力则是建立在深厚专业知识基础上的能力。研究对象所具有的共性专业特征大致如下。

（一）专业理念——对职业的深刻理解

访谈对象中，有一些教师是从未步入工作岗位起就非常想做教师，做好教师就是他们最初的目标，因此在专业发展的过程中，能保持源源不断的动力。但还有一部分教师可能在工作之初，认为教师并不是自己最中意的职业，或想从事其他行业，即便在教师岗位上，也觉得自己有一天会离开，但是度过自己的职业徘徊期之后，就再也没有想要离开教育事业的想法。一个很强的原始动力是对学生的爱。

有教师说，在自己专业发展的道路上经历了三个阶段：最初的动力是希望学生能喜欢自己，会用自己的课余时间与学生相处；后来是希望学生不仅喜欢自己，还喜欢自己的课，努力通过钻研课堂来为学生呈现一堂堂精彩的课；再后来是希望有更多的学生能喜欢自己上的课，因此帮助其他教师磨好课、上好课，不断输出自己的经验。可见，与学生的互动是这名教师寻求自主发展的最强动力。

还有教师常常被学生单纯的关心打动，也由于他的努力，使得学生及其家庭获得了积极的变化。这时，他才明白，原来一名小小的教师可以给别人带来很大的影响，也可以有作为。所以，当他有机会从事一个向往的职业时，就会发现自己已经离不开学生了，这才让他坚定地留在教师岗位，从此一心钻研教育教学，专业发展由此开始获得突破性发展。这样的例子不胜枚举，由此可见，对职业的理解，特别是与学生的互动、对学生的热爱、对职业价值的认同是教师能持续发展的最强动力。因此，来自教育教学的主要客体的反馈，对于这类教师的成长是最重要的评价之一。这点后续还会具体论述。

（二）专业态度——对工作的责任担当

在教师获得专业发展的道路上，另一个显著的特点是他们对每一份教育教学工作都抱以认真负责的态度。有的教师在工作中追求完美，自觉地把每一个工作任务都尽可能做到极致；还有的教师会想任何一件工作交出去时一定要对得起自己，而自己的衡量标准相对较高，因此也会达到一个令人满意的结果。

这种认真负责的态度还体现为三种层面：第一种是面对自己驾轻就熟的教育教学工作，认真负责地把自己的专业发挥到极致；第二种是面对他人托付的新领域的教育教学及管理工作，虽然对该类工作不熟悉，但是，既然接手了该项工作，就会在他人的期待中竭尽全力把它做好；第三种是面对自己岗位有待开拓的教育教学及管理工作，这类开创性的工作并不是他人的要求，更多的是来自自我的要求，在把一件工作做好的基础上，寻求新的突破，并为之不懈努力。这种认真负责的专业态度，使得这类教师在专业上能够有好的成果，在评价系统中散发出光芒。

（三）专业能力——对教学的游刃有余

专业能力指的是将专业知识有效传递给学生的能力。优秀教师在专业能力方面具有以下两个特征。

第一，教育教学功底深厚。优秀教师在自己专业领域的钻研是持久而深入的，首先自己在学科专业上有扎实的知识基础。当他们步入教学岗位时，并没有像今天一样的导师及团队的协助，遇到的种种教育教学难题都需要自己想办法解决，从而逐渐形成了今天强大的教育教学能力。他们教育教学能力非常突出的表现是屡次在区级、市级乃至国家级评比中获奖，并且具有自己的风格特色；或在班级管理、激发学生学习自主、学生德育等方面有很好的成果，所教学生成绩优异，班队管理屡获奖项。

第二，专业表达能力突出。清晰、准确、生动的语言表达是教师的基本功。优秀教师随着自己课堂教学研究的深入，都非常重视课堂教学语言的锤炼。有教师指出，教学语言不同于一般的聊天对话，表达清晰、描述准确、语言精练是必要的。可以看到，优秀教师上课时没有一句所谓的"废话"，每一句语言都发挥着教育意义，在此基础上，根据不同的课程内容，要使语言更加丰富，谋求词汇、语气、情感的融合。就像话剧演员表演一样，好的语言可以吸引学生、感染学生，从而帮助学生学，让学生能在艺术语言的熏陶下爱上课堂。优秀教师的成长也离不开专业的文字表达。回顾这些教师的专业发展历程，都形成了不少书面文字的成果，如反思、案例、课题、论文、专著等。文字的撰写是很好的自我反思和总结经验的方式。

在当前的教师评价体系中，教学评比获奖和文本材料的成果是非常重要的评价材料，因此教师的教育教学能力、专业表达能力是影响评价系统互动结果的重要因素。

三、生活特征

教师的成长具有高度的个人生活史特性，生活史与教师的专业发展息息相关。对教师个体成长历程的生活史分析，有助于发现每位教师内在的发展需求与成长源泉。教师在工作中的时间基本都是一样的，每天从事的教育教学工作也没有太大差异，除了在校工作外，优秀教师的生活是否与普通教师有明显的不同，是本研究非常想探寻的一个因素。通过对几位教师的访谈，本研究大致可以得到以下几点教师在生活方面的相似性特征。

（一）热爱生活，培养广泛的爱好

热爱生活是热爱其他事物的基础，它体现在教师不仅仅重视自己的专业发展，不是把专业及工作视为自己的全部，而是会花时间去过自己的生活，还有自

己的爱好，如阅读、写作、运动等。就阅读而言，也并不是我们想象的优秀教师只阅读专业书籍，而实际上，他们会更多地阅读与专业不相关的书籍和自己感兴趣的书籍，因为教师认为这样的阅读会让他们在不同的信息捕捉中潜移默化地获得一些灵感，或许并不是某一句话就指导了自己的教育教学改进，而是不知不觉中帮助自己了解人性、体会人心和感受规律，从而对自己的工作产生积极作用。

（二）家庭幸福，获得家人的支持

家庭的支持是教师有充足精力追究专业发展的有力保障。每位访谈对象都提及自己专业的发展离不开家人的支持，特别是爱人或是家里的老人。随着教师生理年龄的增长，也会遇到成家、生子、赡养老人等家庭事务。这样，自己的专业时间会被大幅度压缩。这些教师感恩的是，当年轻但没有小孩时，自己的另一半非常支持自己的工作，遇到问题可以有良好的沟通；当有了孩子时，很多时候都是家里的老人帮忙抚养孩子，为自己腾挪出很多可以钻研工作的时间；到了中年，孩子长大懂事了，也很支持自己的工作；随着年龄增长，父母的身体需要人照顾，又离不开自己的兄弟姐妹和爱人的付出……因此，自己专业发展的成就离不开家人的支持、陪伴与付出。

（三）随时思考，深根专业思维的生活方式

每个人生活的环境不同，因此生活习惯一定不尽相同。但是这些优秀教师却有一个共性的生活习惯，就是随时随地进行专业思考。专业思考已经在不经意间成为他们的一种生活习惯，而他们的生活中也融入了自己的专业思考。这一方面体现在他们会随时随地从生活情境中获取信息，以迁移到自己的教育教学工作中。比如：有教师说，自己下班后也经常去逛街、吃饭、和同事一起娱乐，但吃饭时可能常常不自觉地聊到工作相关的内容；逛街时，看到某一个设计就会想到可以用到校园哪里的环境布置中；看微信文章时，也会自然迁移到自己的工作中……这种状态不是谁要求的，而是自然形成的一种生活状态。

另一方面也体现在他们把专业素养运用到生活中。比如：有教师说，周末会带孩子们去郊游，而郊游是自己设计主题，围绕主题的有目标的共通活动，现在反思起来，其实那时的行为也就是我们今天所提倡的综合实践课程，自己多年前已经把这样的理念应用于自己的教育教学实践中；还有教师说，年轻的时候，教养自己小孩，每天晚饭后的时间固定下来陪孩子玩耍，他会制订周计划，每天自

编课程，和孩子一起自制教具，每天就一个主题，在与孩子的游戏中把课程贯穿其中，使生活与专业思考紧密结合，也把时间的利用率发挥到最大化。

第二节　教师个人特征与评价系统互动机制

教师的个人特征是形成其教学风格的根源，也是决定其教学效果的重要因素，因此教学评价系统必须将教师的个人特征纳入其中。

一、基于个人特征的评价系统对教师发展的促进作用
（一）基于人格特征的评价

从上述人格特质的梳理中不难发现，具备才识聪慧、情绪稳定、做事有恒、专业自律这些人格特质的教师，更容易受到教师评价制度的青睐。而在这些共同人格特质的基础上，那些独立性、敢为性、实验性特征明显的教师虽然承担了更多的评价风险，但也会更大概率地获得有价值的成果。当评价发生时，外界的评价与自我的评价共同作用于自己的专业发展。有时，自评会产生更大的影响。这些教师的自我效能感较高，自主地获得专业发展，容易在评价体系中脱颖而出。而另一些稳重谨慎、谦逊恭顺的教师也占了教师中的大多数，在评价的系统中需要外在的评价作为支持，进而根据评价制度所搭设的平台拾级而上。可见，搭建科学合理的评价体系对促进他们的发展具有重要意义。

（二）基于专业特征的评价

专业理念、专业态度与专业能力都会不同程度地受到评价不同程度的影响。专业理念本身具有很强的主观性，无法通过量化的评价获得显性的提升，但会由于外界的评价而隐性地影响教师的内心变化。拥有好的专业理念是成为一名优秀教师的前提，但并不是每位教师在入职之初就具有非常正确且深刻的专业理念，有很大一部分教师的专业理念是继不断地接收外界评价以及对自己行为的意义判定后自主生成的，最主要的利益相关者的评价，如学生、家长对教师的肯定、信任及其因教师的行为造成的改变，这些对教师专业理念的形成意义是非常重大的。

专业态度也是成为优秀教师的基础，它是教师的主观因素，但是可以通过行为与任务结果表现出来，与评价是相互作用而发展的。评价积极会使得教师

的态度也更加积极，而当评价消极时，如果教师没有非常可观的自我评价，则会影响其专业态度。专业能力是成为优秀教师的核心，而能力是可以通过后天的努力获得提升的，因此发挥评价的作用对促进教师能力的提升就显得尤为重要。

（三）基于生活方式的评价

广泛的个人爱好、家庭的支持与贯穿专业思考的生活习惯在一定程度上影响着教师的专业发展。在评价的生态系统中，把教师当作一个完整的人看待，教师不仅仅是教师本身，也是母亲、爱人、儿女与朋友，更是自己，因此在评价中关注教师的生活特质，有利于全方位地了解教师。这种来自不同社会角色的反馈，会共同作用到教师个人的认知、情感、态度、能力等的发展中，从而间接地影响教师的专业发展。

概览教师的人格特征、专业特征和生活特征与专业发展、评价系统的互动关系，优秀教师的一些良好特征促进了自己的专业发展，也影响了评价系统的互动结果，在评价系统中的价值不容小觑。

二、教师个人特征对评价机制改革的要求

由于教师的个人特征对教学活动的开展发挥着决定性作用，尊重和有效利用教师的个人特征是设计和改革教师评价机制的必然要求，具体可以从三方面开展。

（一）提供个性化的发展平台

一名教师的成功需要自身的素养作为基础，这是确定的因素，也是可以自己把握的。同时，也离不开专业领域的发展契机，这是不确定的因素，需要等待、捕捉甚至偶遇。访谈对象的几个成长转折点都遇到了一定的发展契机，当机会降临时，自己都牢牢地把握住了。比如，区域的专业领域教师聘用政策，某一专业区域职称评定政策，国家或区域对学术德育的阶段性重视，区域打造新学校的机遇等，都为这些教师的专业发展提供了契机。

（二）提供示范性的榜样引导

除了自身素养和契机的把握外，还离不开专业领域中榜样的引领。有些教师在专业道路上或许不是评价系统互动中的宠儿，但是学校领导的肯定与赏识，特别是受到资深专家的肯定，就可以让教师获得自主发展的内在动力；有的教师在

专业晋升的道路上受限，通过校长的建议与指点，转变自己的教育教学的研究方向，谋划专业发展顺畅的上升路径。

（三）提供互动性的专业信任

教师个人特征、专业领域以及外在评价系统的互动，三者的共同作用使得教师收获成功。其中，外在评价系统是教师与评估系统中所有的相关群体之间的关系，评价主体通过一定的评价方式，对一定的评价内容进行评价并给予反馈，这样的系统内部互动是促进教师专业发展的重要机制。

在评价系统中，参与教师评价的相关主体有学校领导、同事、学生、家长、专业权威等。有些为教师提供着专业、正式的评价，而有些则承担着非正式的评价角色。正式的评价通常是基于评价制度的常规评价，得到的是与大多数教师一样的考核结果。而对教师个人的专业发展而言，教师更看重的或许是非正式的评价，这种非正式的评价更能走入教师的内心，是教师内驱力的重要来源。而这种非正式的评价形式也比较简单，可能是一句肯定或批评的话，可能是学生关心的一个举动，可能是与评价相关者互动的氛围或情境，也可能是一个展示或参加培训的机会等。

与此同时，教师们也都提到了教育教学评比对自身的专业成长起到了不可替代的作用。每一次评比，自身都获得了明显的成长，如对教学内容的理解、教法的运用、学生的互动等各方面都得到了提升，即便是失败的经历，也会让教师获得长足的反思。有教师说，一次上完课后，看到同事们的反馈不是很积极，就主动询问，得到的回应是觉得这次课上得中规中矩，几乎每一个互动都能被听课的教师预设到，这让教师不禁反思自己的课堂。还有在遭遇教学评比"滑铁卢"时，这种消极的反馈带给教师的除了打击外，更多的是唤起教师深刻的反思。因此，对任何评价主体而言，能够真正对教师专业发展起到作用的评价方式，一定是能够让教师感受到内心的触动和唤起自己专业反思的。

第三节　优秀教师发展与评价系统互动启示

基于教师个人特征来改善评价系统，促进教师对评价系统的主动参与。本研究发现，访谈对象在人格特征、专业特征和生活特征方面与普通教师之间没有天然的鸿沟，不同点在于特级教师的个体特征要比普通教师更加显著和持久。这些个人特征既是促进他们专业发展的个人因素，也是评价机制在其身上发挥积极作用的基本条件，而这些特征也在评价的作用下不断强化、优化，成为教师专业性的外在表现。从某种意义上说，教师个人特征与评价体系之间的互动机制，是教师专业发展的重要驱动力量。

一、在评价中尊重教师个性化人格特征，充分发挥教师发展潜质

教师的人格特征一定程度上决定了其成为优秀教师的潜力和可能性。优秀教师的成长在一定程度上受到教师个人先天素质的影响，教师入职甄别和选拔工作应当成为教师专业性的首要关口。我们可以看到，优秀教师本身多具备聪慧、情绪稳定、做事有恒、自主自律的人格特征。那么，如果天生情绪不稳定、脾气暴躁、性情古怪的教师进入教师队伍，亦不可能成为优秀教师。因此，应进一步严格教师准入制度，增加教师人格测试环节，遴选更多具备这些特质的人才进入教师队伍。

二、在评价中调节教师动态化专业特征，充分展现教师学科专长

教师的专业特征可以通过评价系统进行调节。有一大批教师在入职之初，其实并未能显示出明显的专业潜力，这类教师容易在评价体系中被忽视。因此，对于教师的甄别与选拔的评价制度应不仅仅针对新入职教师，也应关注在职教师。教师成长过程中所经历的专业评比、展示、职称评定等评价，特别是评价的反馈互动对教师的专业成长有积极的促进作用。在这种情况下，应进一步设置科学的职后教师评价体系，特别在专业表现上有针对性地开展评价，发挥教师评价的调节作用。

三、在评价中关注教师内隐性生活特征，充分推动教师全人发展

教师的生活特征从侧面影响着评价系统与教师专业发展的互动作用。关注教师的生活特征，一方面是将教师作为完整的人来认识；另一方面教师职业有别于其他职业的属性，在教育教学中教师会不经意间向学生输出自己的个人爱好、生活习惯和家庭影响因素等信息，这种生活特征会间接地影响到学生的成长和教育教学的效果。这就要求教师评价要本着全人的理念，全面地对教师进行评价，充分发挥这种生活特征与评价互动对教师专业发展的促进作用。

四、在评价中构建教师赋能性信任文化，充分营造教师发展环境

教师在信任的评价文化环境中更有利于提升专业发展，教师的专业发展离不开外在的支持与信任。首先，教师职业是具有专业性的，不是任何专业背景的人才都可以走上教师岗位；其次，在满足高质量的职前培养以及高标准的入职选拔两个前提条件下，教师的专业性应被赋予充分的肯定与信任。在信任文化的环境中，更有利于教师将外界评价对其给予的信任期待付诸实践。因此，充分尊重教师的成长规律，给予教师成长的时间和空间，在此基础上，积极营造对教师评价的信任文化，为教师增权赋能。

五、在评价中嵌套教师增权性动力机制，充分激发教师专业自觉

教师评价的核心目的是促进教师的自主发展。优秀教师成长最核心的动力来源是自我实现的需要，评价的正向反馈是维持这一动力的重要因素。教师专业发展，根本上是教师自己的事情，需要自觉地主动发展，而不是"被评价""被发展"。鉴于此，要转变教师评价的理念，把教师评价视为教师自我诊断与自主反思的工具，教师评价的作用是促进教师的专业发展，而不仅仅是实现对教师队伍的管理功能。只有着眼于激发教师自主发展动力的评价机制，营造一种积极、自由、宽松的环境，拓展教师的自主空间，才能够真正促进教师走向卓越。

第六章

价值重塑下的教师评价改革

近年来,我国的教育理念由单纯的知识传输变得更加多元化,教育的主体、目标、方法发生了很大的变化。相应地,教师的评价体系也不再仅仅以分数、升学率等为主要标准,而需要同步进行变革。本章将从三方面考察新的价值体系下教师评价改革的可能性。

第一节　生态视域中的教师评价体系建构

一、我国教师评价实践现状与问题

(一)我国教师评价实践现状

党的十八大以来,各地根据国家总体要求,积极探索教师评价的有效举措,比如:深化落实党中央、国务院和教育部等中央行政部门关于教师队伍建设的工作精神和部署,突出体现在教师职称评审和师德师风方面;推选树立教书育人的标杆和楷模;聚焦教师梯队建设,选拔和培养一批优秀、骨干教师,培育教师培训者;强调教师职业道德的重要意义,规范教师的职业行为;各省在制定政策过程中能够结合本地情况,积累了不少经验。

1. 评价目标指向教育的优质均衡发展

省域层面教师评价的终极目标指向教育事业的优质均衡发展。很多政策文本的背景和意义中所体现的根本性目标任务是通过"激励广大教师和教育工作者献身教育事业""加强教师队伍建设""增强教师职业吸引力"等策略途径,来"努力办好人民满意的教育""促进教育均衡发展"。

2. 评价对象重视领军人才的队伍建设

发展性和引领性是各省市自治区教育主管部门制定和实施教师评价政策与举措的主要特点之一，在针对评价对象"优中选优"的同时，还考虑到优秀教师人才及其后备队伍的孵化与培养。值得关注的是，一些省份已经将教育领军人才的遴选工作与储备培养紧密结合起来。

3. 评价内容呈现多元化综合维度特征

总体来看，教师评价内容覆盖了教师职业特征和专业工作的方方面面，不同类型评价政策虽在内容上各有侧重，但均表现出综合性、表现性评价的特征。梳理、比较不同类型样本政策文本发现，教师评价的内容可以分为基本资历、师德师风、德育工作、教学能力与业绩、教科研能力、专业发展六大模块。

（二）我国教师评价实践存在的问题

全国范围的调研结果显示：教师评价内容是稳定的、呈现常规的因素，但时代性不凸显，与当下新时代教育政策、国家强调的内容关照不够。教师评价制度在实施上存在地域差异，东部、中部、西部地区在评价频率及其强度、评价方式、评价教师专业能力关注点上都有显著性差异；在教师评价指标上，西部看重教龄、学生成绩，东部注重课题研究。

归纳文献研究、政策文本分析和调查问卷结果数据，从评价机制、评价内容、评价主体、评价方式和评价结果等维度进行分析，我国中小学（幼儿园）教师评价有以下问题。

1. 评价机制缺乏顶层设计

各级各类评价制度之间的系统性和关联性不足，缺少伴随教师所有专业成长过程的连续性体系设计以及对教师全人发展和个性发展的关注。各地区评价制度的价值目标和导向功能不尽相同，导致不同区域评价的强度与频率存在差异。

2. 评价内容有待扩展丰富

教育教学能力是教师评价的最核心内容，承担的教育教学改革任务、教育教学科研能力和示范引领作用是重要的评价内容。东部地区鼓励教师成为研究型教师，注重课题及科研论文发表情况；而中部和西部地区则多考察教师资历经验积累，仍把教龄作为关键的评价指标。此外，师德师风和政治素养作为第一考核要素，其具体评价内容的设计欠缺实操性。教师评价的核心内容未明显呈现符合新时代社会与教育发展特征的专项专业能力评价指标，如指向学生核心素养的教育教学能力。

3. 评价主体的专业性和参与度亟待加强

加强教师评价与督导的专业队伍建设，在选拔性评价机制中严把评价者的教育素养关和评价素养关。在过程性评价和表现性评价过程中，创新评价者与被评价者之间的对话与沟通、反馈与互动机制，加大教师本人作为评价者的自我发现、自我反思和自我改进意识与能力，加强校内外跨部门、跨机构协同评价机制的建设。

校/园内考核部门、教师本人和校/园长是各类教师评价中最主要的评价主体，教师同行、学生、家长和校外专业机构作为多元化主体的参与度仍然偏低。校内外各参与教师评价的主体专业性表征不凸显，对教师评价的多种目的和功能的认识并不清晰。

4. 评价方式的适切性和规范性不足

中小学（幼儿园）在实施经常性评价时采用的方式方法较为多元，能同时运用专业评测、表现性评价和档案袋评价等手段。但是，一线的校（园）长仍在呼吁加强评价方式方法的改革。可见，多元聚焦给教师评价工作增添了复杂性，评价方式方法的普及性、规范性和示范性还没有完全跟上教师评价工作理念的步伐。学校作为评价主体时，需要大量的教师评价经典范本作为参考，以此提高评价方法的规范性和公平性。

5. 评价结果的利用率偏低

评价结果反馈对学生评价、教学能力等实践类能力改进上的效果显著高于对学科知识的促进和惩罚性绩效。但从总体来看，无论是教育主管部门，还是中小学（幼儿园），对评价结果的利用率普遍偏低，受"重奖惩、轻发展"评价功能的影响，评价结果多用于人才选拔、绩效管理和绩效工资的分配等，集中于对教师取得业绩大小的评测，轻视对教师内在职业资格和综合能力的评测，未能真正发挥评价结果对教师专业发展的促进作用。

二、融合生态系统与全人发展，构筑教师评价生态体系

在教师评价生态系统框架下，架构教师评价运作的"同心圆"，为生态视域下的教师评价体系内涵"支架子"：关注教师个性特征与德性德能的微观系统；关注教师在学校教育教学情境中呈现专业素养的中间系统；关注学校和政府教师评价

理念、政策与制度的外部系统;以及反映社会大众对教师职业、教师评价等传统观念和信任文化的宏观系统。在此基础上,从教师的个性特征和专业发展状态出发,以过程性和跟踪性评价策略构建评价生态的历时系统,考察并调节教师动态化的专业特征,实现教师个体与评价生态系统的切实关联与个性化互动。

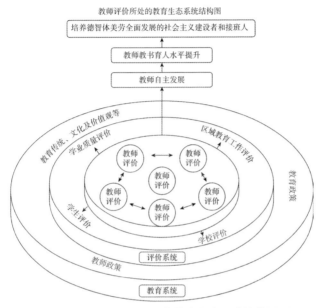

图 6-1 教师评价所处的教育生态系统结构图

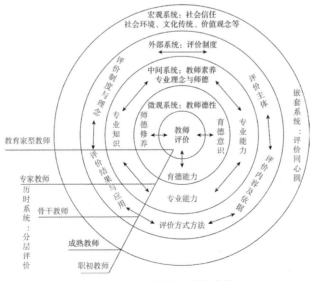

图 6-2 教师评价生态体系

三、聚焦教师专业水平关键内容，打造立体深层评价模块

教育生态系统中，对教师在不同环境场域中的行为表现都有所关照，因此评价内容的设计也遵循立体、深层、精准的原则。例如，评价内容围绕"德、能、勤、绩"四大板块，为教师评价"开方子"，评价内容聚焦师德修养、专业知识与能力、工作表现、实践成效四个领域，细分为 16 个模块，下设若干主题，其中中小学是 46 个主题、幼儿园是 48 个主题（见图 6-3、图 6-4）。评价内容不仅涵盖可测、易测的客观评价指标，更着重体现教师专业水平的关键内容，尊重教师在日常工作和专业发展过程中的表现与成效，进而激发教师专业发展的内在动力和专业自信。

四、扎根区域和学校，落实多维度全流程教师评价技术

教师评价体系的建设工作重在落实，实施举措重在为区域和基层学校开展教师评价工作提供有效运行机制、考核评价观测实施矩阵等适用性的方式方法，为教师评价"找路子"。构建区域层面的教师评价生态运作机制（见图 6-5），不仅在制度层面完善了教师评价工作，还在实践操作层面构建了智慧型、全过程、可互动、重反馈的教师专业发展全程评价实施路径，将教师专业发展全过程的活动纳入评估监测范畴，有助于教育主管部门和学校及时发现教师专业发展中的问题，提高精准诊断、及时干预水平，提升为教师专业发展的个性化服务能力。

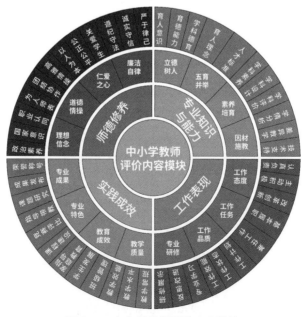

图 6-3　中小学教师评价内容模块

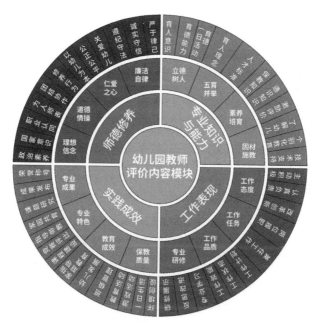

图 6-4　幼儿园教师评价内容模块

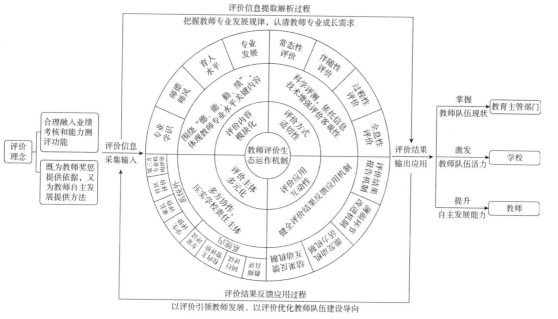

图 6-5　教师评价生态运作机制

第二节　面向未来的教师评价改革推进策略

一、加强有机贯通的评价制度顶层设计

健全评价体系，打造全过程综合性评价体系，将资格准入、入职招聘、教师教育、职务(职称)晋升、绩效考核、评优奖励等关键环节的评价，整合为一个逻辑关联、各有侧重的教师评价体系。建立科学指标，在资格准入、入职招聘、教师教育、职务(职称)晋升、绩效考核、评优奖励等方面形成一套相互关联、能体现教师成长与发展规律的科学性指标和相应的量规，坚持体现"干什么、评什么"的评价导向，发挥评价导向作用，全面体现"培养什么人""怎么培养人""为谁培养人"的价值观。

二、树立推进教师自主发展的评价理念

明确评价功能导向，提升评价理念的价值基础。评价作为教师专业发展动力机制的组成部分，评价过程是教师专业发展自我决定动机调节的过程，是教师探索自我发展的重要动力源。教师评价的最终目的并不是给教师排队，而是为教师提供足够清晰的改善行为和提高效能的有效信息，从而构建个性化的教师专业发展路径。应把教师评价视为教师自我诊断与自主反思的工具，通过评价工具测量结果的反馈，激发教师主动学习、追求高品质发展的需求，促使教师通过对评价结果的认识与理解，成为自主发展者和自主学习者，转变"让我发展""帮我发展"的被动状态，实现"我要发展"的自主意识与能力。

三、营造提升教师专业信任的评价文化

教师在信任的评价文化环境中更有利于提升专业发展，教师的专业发展离不开外在的支持与信任。专业信任是教师赋权增能的基本条件。首先，教师职业是具有专业性的，不是任何专业背景的人才都可以走上教师岗位；其次，在满足高质量的职前培养和高标准的入职选拔两个前提条件下，教师的专业性应被赋予充分的肯定与信任。在信任文化的环境中，更有利于教师将外界评价对其施与的信任期待付诸实践。

四、优化德能兼顾靶向成长的评价内容

（一）坚持以德立身，将师德评价摆在教师评价的首要位置

立德树人、教书育人、言传身教等良好师德要素应是各级各类教师评价中的第一标准。在各类评价制度中，有必要进一步强调教师职业道德和个人修养的重要意义，通过师德师风的建设与考核，提升教师的职业理想与信念，加强教师的职业修养，规范教师的职业行为。在具体操作上，加强师德师风监督，建立师德定期评价制度；完善师德档案体系，关联教师个人信用记录；落实师德负面清单制，健全师德舆情快速反应机制；严守师德行为底线，加大失德行为查处力度；加大师德楷模表彰，建立师德荣誉评价体系。

（二）突出育人成效，将专业能力作为教师评价的核心内容

强化教师育人观念，健全学生指导记录系统；提升教育教学水平，实行教育质量综合评价；增加关键能力和专项能力评价，发挥专题评价价值引领作用；优化考核指标标准，提升教师发展绩效。

（三）夯实专业学识，将学科素养作为教师评价的关键要素

开拓学科知识视野，实行专业知识综合评估；探究学科育人价值，加强学科育德实践考察；发掘学科专业特长，定期开展学科素养展示；注重交叉学科知识，试点人文科学素养考察。

（四）重视专业发展，将学习研修作为教师评价的重要指标

培养终身学习意识，加强参与专业学习的激励；鼓励教师潜心钻研，试行代表作品评价机制，减少无效研修负担与成果的冗余；发挥教师示范引领，优化名师任选培养标准；增设教师社会服务的评价内容，专设单向评价加分指标。

（五）关注个人专长，将人格特质作为教师评价的参考要素

教师的人格特征在一定程度上决定了成为优秀教师的潜力和可能性。优秀教师的成长在一定程度上受到教师个人先天素质的影响，教师入职甄别和选拔工作应当成为教师专业性的首要关口，应进一步严格教师准入制度，增加教师人格测试环节，与教师职业气质与特质相符的人才才能进入教师队伍。

五、探索评价与发展一体化的评价方式

（一）扩大评价对象的覆盖范围

秉承教师评价机制的诊断与改进功能，扩大省市级教师评价目标群体，改变

只偏重骨干教师、学科带头人、教学名师等教师人才的梯队建设和名师教育教学智慧的提炼与传播等情况。对职初教师、成长过程中遭遇瓶颈期的中青年教师加大关注力度,给予青年教师群体参与发展性评价项目的机会,形成评价对象群体类型的全覆盖和评价对象群体专业发展过程的全覆盖。

(二)推广教—研—训—评一体化模式

在基层学校推广教—研—训—评一体化的教师评价与发展模式,将教师考核评价工作与日常管理、教学业绩、教师研修等工作紧密结合,将学校教师队伍建设和教师专业发展的各个条线工作有机融合,既能减轻学校的管理负荷和教师的工作负担,又能吸引教师自主参与考核评价过程。

(三)研制评价标准的科学分类

修订完善中小学教师专业标准和幼儿园教师专业标准,研究制定分级教师专业发展目标(师范生、新教师、骨干教师、卓越教师、教育家型教师等阶段)。设计适应不同发展阶段的教师评价标准,将评价标准与发展目标有机衔接,使评价指标成为教师专业发展或者行为改进的行动指引。

(四)关注特殊群体的评价指标

加强师范生选拔和教师资格准入评价。在教师教育振兴行动计划中突出对师范生的选拔,将从教意愿、人格特征、社会背景等非智力因素纳入师范生选拔评价和教师资格准入评价,加强教育教学基本功评价,切实从源头上保证教师素质。根据推进素质教育的要求,加强体育、艺术、心理、文化教育等教师队伍建设,建立符合特殊教师群体特点的评价指标体系,让教书育人者都有好的发展前景,都能享受畅通的职务(职称)晋升通道。

六、推动教师与评价者之间的反馈互动

多方协同,充分发挥评价主体作用。坚持多主体评价,既重视教师自评和校长、同行专家评价,又重视学生、家长、同事的意见。同时,各级教育部门要重点培养一批兼具专业素养和评价素养的专家,让专业人员来评价教师的专业工作,全面客观评价教师的政治素质、师德表现、专业水平、工作业绩等,坚持以事实为依据,科学严谨地开展教师评价。充分发挥基层单位在教师评价中的主体作用,逐步推进教师评价权下放给学校,落实学校办学自主权,同时压实学校主体责任,减少各种干扰,既充分调动基层的积极性、激发一线活力,又推进

教师政策的落实落地，解决政策执行的"最后一公里"问题。要在评价者和被评价者之间建立良好的沟通机制，保证两者对评价指标的理解一致性，增强评价后的反馈与研讨，拓宽有助于被评价者学习或评价者与被评价者两者之间互相学习的渠道。

七、提升评价反馈激发动机的活力作用

健全评价结果反馈机制，在进一步规范教师评价工作的基础上，建立教师评价结果报告制度，及时将评价结果向教师本人反馈，为教师个人发展提出具有个性化和针对性的建议，跟踪教师对薄弱问题的整改情况，发挥教师评价促进教师专业成长的积极作用。健全评价结果运用机制，将教师评价结果与岗位设置、职务（职称）晋升、绩效工资分配、评优奖励挂钩，形成能上能下、能进能出的用人机制，不断增强学校活力。特别是将优秀教师的评价事迹和案例作为鞭策青年教师专业进步的素材，丰富教师评价的情境化，增强青年教师的认知与体验。

八、构建人本和谐统筹发展的评价生态

教师评价由一个复杂的系统构成，构建历时嵌套的教师评价生态系统，助推教师评价机制与教师专业发展机制的契合运作。在教师评价生态系统框架下，架构教师评价运作的"同心圆"，包括关注教师个性特征与德性德能的微观系统；关注教师在学校、课堂和其他教育教学情境中呈现的专业理念、专业知识和专业能力等的中间系统；关注学校和政府教师评价理念、政策与制度的外部系统；关注反映社会大众，如家长等对教师职业、教师评价等传统观念和信任文化的宏观系统。在此基础上，从教师的个性特征和专业发展状态出发，以过程性评价和跟踪性评价来构建历时系统，考察并调节教师动态化的专业特征，实现教师个体与评价生态系统的切实关联与个性化互动。

第三节　教师评价校本实施指南

教师是立教之本、兴教之源。教师评价是教师队伍建设改革的重要内容之一，对促进教师整体水平提高与提升教育质量具有重要的导向作用。而学校是落

实教育政策与教师评价实施的核心场域，因此基于学校校情、师情且符合国家教师队伍建设总体要求的教师评价显得尤为重要。为深入贯彻党的十九大精神和全国教育大会部署，落实《关于全面深化新时代教师队伍建设改革的意见》及《关于全面深化新时代教师队伍建设改革的实施意见》，发挥科学教育评价的引导作用，经过对学校教师评价实践的深入调研、核心经验提炼以及内外理论与实践研究，研制中小学教师评价实施指南，以供学校参考。

第一章　总体目标

为锻造一支党和人民满意的高素质专业化创新型的教师队伍，克服教师评价中唯分数、唯升学、唯文凭、唯论文、唯帽子的顽瘴痼疾，通过规范评价内容，优化评价方式，为学校制定本校的教师评价方案，推进教师评价结果有效运用提供参考，以发挥教师评价在促进教师整体素质提升的积极作用，以推动教师成为先进思想文化的传播者、党执政的坚定支持者、学生健康成长的指导者和引路人，集中精力培养德智体美劳全面发展的社会主义建设者和接班人。

第二章　基本原则

1. 坚持贯彻落实国家教育政策方针

坚持党对深化教师评价改革的全面领导，牢牢把握社会主义办学方向，扎根学校教育教学实际，充分落实培育"四有"好教师队伍的根本要求。落实立德树人成为教师评价的基本指标，将"德、智、体、美、劳"五育并重的人才观纳入教师评价的观测点中。聚焦深化教师评价改革的关键任务，重点围绕师德师风、专业学识和能力、课堂教学和专业发展等领域，持续提升中小学教师的专业素质。

2. 坚持遵守教师成长发展基本规律

遵循教师专业发展阶段性特征、发展规律以及作为成人的学习认知规律，把握影响教师专业发展一般性的内外部因素，将促进教师专业发展作为教师评价的核心目标之一，制定符合教师成长规律的评价指标，激发教师专业发展的内驱力，发挥评价对教师专业发展的导向、诊断和促进作用。

3. 坚持尊重校情与教师评价自主权利

学校是教师专业成长与培育的摇篮，在国家教育方针政策的引领下，基于核心的评价导向，积极发挥学校在教师评价中的自主权利，遵循学校校情、师情，创新教师评价的方式，保障教师评价的公平性、均衡性、客观性和激励性，促进教师整体发展，增强教师队伍活力。

第三章　内容实施

1. 评价理念

为了实现培养"德、智、体、美、劳"全面发展的社会主义建设者和接班人的教育目标，教师评价应以"五育并举"的育人理念为导向，尊重教师的专业性，激发教师专业发展的自主性，树立师德为先的理念，重点关注教师教育、教学和专业研修的发展的日常。形成以师德为基础，教育、教学和专业研修三领域相互促进、不可或缺的评价机制。

教师评价以"德、能、勤、绩"为观测维度，综合考察教师专业理念、专业知识与专业素养。"德"即师德修养，涵盖理想信念、道德情操、仁爱之心、廉洁自律几个维度；"能"即专业能力，包含育人观念（如立德树人、五育并举）、学科素养、因材施教与专业反思；"勤"即工作表现，包含工作态度、工作数量、工作质量与工作状态；"绩"指实践成效，包含教学质量、教育成效、专业特色与专业成果。

2. 评价内容

基于四大观测维度，根据国家对教师发展的基本要求、国内外研究与学校开展教师评价的有益经验，本方案将教师评价的核心内容聚焦于师德师风、育人情况、教学情况和专业发展四大领域。四大领域横向贯穿了教师专业成长的全过程，是教师专业水平的关键内容。

3. 评价方式

以过程性评价与终结性评价相结合，分别对"师德师风、育人情况、教学情况和专业发展"四大领域的每项内容进行考量。同时，最终对教师的评价结果和过程性评价的所有记录应当与终结性评价呈现的结果具有高度一致性，以确保教师评价质与量的协调、均衡发展，以确保评价的客观、公平与实效。具体的评价内容与实施方式框架制定如下。

表 6-1　中小学、幼儿园教师评价实施框架

评价维度		评价方式（可在表格中酌情增减）																								
		过程性评价												终结性评价												
一级维度	二级维度	师德表现记录	教学表现记录	教学反思	说课/公开课展示	教育开展情况记录	教育反思	课堂观察记录	专业学习记录	教育教学研究	主讲学术讲座/报告	主持课程开发案例	带教指导情况	工作量统计	专业测试	自我评议	领导评议	同行评议	专家评议	学生问卷/访谈	家长问卷/访谈	师德违规清单	研修学分认证	教育教学成果	科研成果	荣誉奖项	特殊贡献
师德修养（德）	1-1 理想信念																										
	1-2 道德情操																										
	1-3 仁爱之心																										
	1-4 廉洁自律																										
专业能力（能）	2-1 育人观念																										
	2-2 学科素养																										
	2-3 因材施教																										
	2-4 专业反思																										
工作表现（勤）	3-1 工作态度																										
	3-2 工作数量																										
	3-3 工作质量																										
	3-4 工作状态																										
实践成效（绩）	4-1 教学质量																										
	4-2 教育成效																										
	4-3 专业特色																										
	4-4 专业成果																										

4. 评价指标

二级维度是学校开展教师评价的参考性指标，学校可以根据本校具体的校情、师情、生情和特殊情况予以调整，但基本从如下观测点对教师进行考察。

表 6-2　中小学、幼儿园教师评价观测点

维度	可观测点
1-1 理想信念	涉及政治素养、国家意识和职业认同
1-2 道德情操	涉及品德及言行举止、为人师表，具有团结协作精神和高雅情操等
1-3 仁爱之心	涉及以人为本、公平公正和关爱学生等
1-4 廉洁自律	涉及遵纪守法、诚实守信和严于律己等
2-1 育人理念	涉及立德树人、五育并举等
2-2 学科素养	涉及学科知识、学科设计和学科评价等
2-3 因材施教	涉及进行学情分析、开展差异教学和运用技术方法等
2-4 专业反思	涉及参与培训学习、反思改进和研修展示等
3-1 工作态度	涉及认真勤奋、积极主动和尽职尽责等
3-2 工作数量	涉及基本工作履职和兼任工作情况等
3-3 工作质量	涉及工作计划是否科学合理有效和工作过程是否扎实以达成目标等
3-4 工作状态	涉及保持工作的持续推进和积极进行改革创新等
4-1 教学质量	涉及教学常规的落实、学业质量、教学效率及效益等
4-2 教育成效	涉及班级管理、解决学生问题以促进学生发展和有效开展家庭教育指导等
4-3 专业特色	涉及课程建设、专项评比和带教指导等
4-4 专业成果	涉及教育教学研究、实践经验成果提炼发布和荣誉称号等

5. 判据采集

在评价方式的运用方面，过程性评价与终结性评价两者相互联系、相互印证，共同作用。一方面，关注教师专业发展的全过程；另一方面，也注重教师专业发展的结果。当两种评价结果呈现高度一致性时，教师可以从评价的弱势领域诊断并反思自己的专业发展；当两种评价方式的结果不一致时，则可以通过差异排查来发现教师评价及教师发展呈现的问题。每项评价涉及的评价内容及对应的具体材料如下。

表 6-3　中小学、幼儿园教师评价判据类目

类型	领域	评价类目	具体材料
过程性评价	师德	师德表现记录	教师日常行为规范、出勤情况等
	教学	教学表现记录	教师在日常教学的备课、上课、作业、辅导、评价等方面的相关材料（特别是教学设计、教案等教学类文本材料等）
		教学反思	教师日常教学反思记录、案例分析等
		说课／公开课展示	参与各级各类说课、公开课展示的材料（可以以视频、音频、照片等形式呈现）
	育人	教育开展情况记录	教师在设计组织管理学生活动的材料、个别化教育的材料等（可以以视频、音频、照片等形式呈现）
		教育反思	教师日常育人反思记录、案例分析等
	专业研修（1）	课堂观察记录	听评课记录
		专业学习记录	含各级各类专业培训、主题教育、校本研修、个人拓展学习等记录
	＊专业研修（2）	教育教学研究	基于教师本人教育教学及学校发展需要所进行的相关实践研究
		主讲主题讲座／报告	基于个人经验提炼，面向教师开展师德素养、教育、教学、科研、管理方面的主题讲座
		主持课程开发案例	主持开展校本拓展课程及校本教师培训课程开发
		带教指导情况	进行带教指导
终结性评价	师德、教学、育人、专业研修	工作量统计	教育、教学、科研、管理、参与学校事务、兼任工作等各项工作量统计
		专业测试	关于师德、政治理论、学科专业等方面的测试成绩
		自我评议	自我评议分数、等级等结果
		领导评议	领导评议分数、等级等结果

（续表）

类型	领域	评价类目	具体材料
终结性评价	师德、教学、育人、专业研修	同行评议	同行评议分数、等级等结果
		专家评议	专家评议分数、等级等结果
		家长问卷／访谈	家长问卷或访谈的分数、等级、满意度等结果
		学生问卷／访谈	学生问卷或访谈的分数、等级、满意度等结果
		研修学分认证	培训学分
		教育教学成果	个人教学评比结果，学生及班级成绩、评比、竞赛结果等
		科研成果	包括但不限于各级别的论文、著作、案例等
		荣誉奖项	在各方面所获的荣誉称号等
		特殊贡献	其他对学校、区域、上海市以及全国的特殊贡献

注：专业研修（2）作为选择性评价内容，用于有一定相关经历的教师的评价，不对所有教师作相同要求。

结 语

2020 年 10 月，党的十九届五中全会提出，到 2035 年建成教育强国，丰富了到 2035 年基本实现社会主义现代化的内涵。在加快推进教育现代化，为建成教育强国打下坚实基础的征途上，首先要破解教育评价改革这个难题。同年 10 月，中共中央、国务院印发了《深化新时代教育评价改革总体方案》，为构建符合中国实际、具有世界水平的教师评价体系指明了方向。深化新时代教育评价改革，使命光荣、责任重大，教育评价改革应放在实现教育强国目标和建设高质量教育体系的生态空间中，不断深化完善教育评价制度和机制，让每一所学校都迸发活力，激发每一位教师的活力。

教师评价作为教育评价体系的重要组成部分，是推进教育现代化、激发教师队伍生机与活力的重要保障。教师的教育教学活动要在教育生态系统中运行，教师评价的创新与发展有必要考虑与教育生态系统中其他要素之间的关联性，对教育生态空间中教师评价改革的可为与作为要有清醒的认识和实际的行动。

基础教育教师评价现状调研数据显示：党的十八大以来，各地根据国家总体要求，积极探索教师评价的有效举措，积累了不少经验，如评价目标指向教育的优质均衡发展，评价对象重视领军人才的队伍建设，评价内容呈现多元化综合维度特征。教师评价内容是稳定的、呈现常规的因素，但时代性不凸显，与当下新时代教育政策、国家强调的内容关联度不够。教师评价制度的实施、评价指标的设置存在地域差异。由此，立足新时代教育改革发展理念，审视和重构教师评价的价值理念和实施方式，已经成为一个极为迫切的时代命题。

随着《深化新时代教育评价改革总体方案》中"改进结果评价，强化过程评价，探索增值评价，健全综合评价"等任务目标的提出，探索评价标准、丰富评价内容、创新评价工具等成为评价改革的重要突破口。本研究针对评价机制、评价内容、评价方法等方面改革提出了一些新的思路，呼吁将教师的评价与学生、学校、家庭等主体相关联，形成系统性、整体性、协同性的评价改革创新思路，内容既聚焦立德树人的根本任务，遵循教育发展的基本规律等，也有研究科学系统的评价方法，营造以评价促发展的生态氛围，即实现评价改革的最终目的，激发教师积极性，激活学校办学活力。

教师评价改革需要重新审视教师评价的价值理念、内涵领域、主体方式和反馈应用等，要将教师评价放置于更为广阔的社会场域中，实现教师的赋权增能，激活教师的内在动力。除了前文提到的教师评价改革对策建议外，还需要在以下三方面加快教师评价的理论探索和实践落地。

第一，不忘教师评价改革的初心，牢记激发教师内驱力的导向。对教师进行评价并不是仅仅为了衡量教师已经做过的工作，更应着眼于教师的未来发展。教师评价的初心是促进教师的自主发展。教师成长最核心的动力来源是自我实现的需要。教师专业发展，根本上是教师自己的事情，需要专业自觉，而不是"被评价""被发展"。

首先，坚持以德立身，深化教师评价制度改革，突出师德师风第一标准。师德师风是评价教师队伍素质的第一标准。习近平总书记指出："教师不能只做传授书本知识的教书匠，而要成为塑造学生品格、品行、品位的'大先生'。"教师是学生道德修养的镜子。教师的职业特性决定了教师必须是道德高尚的人群，应该成为以德施教、以德立身的楷模。通过师德师风的建设与评价，提升教师的职业理想与信念，加强教师的职业修养，规范教师的职业行为。

其次，要转变教师评价的理念，把教师评价视为教师自我诊断与帮助专业自主反思的工具。教师评价，一是要体现教师职业专业化特征和教师工作的教学属性；二是要与当下的教育形势和教育政策热点相关联，除了关注教师队伍持续发展的稳定的评价指标外，还应及时增设教师在信息化环境下教学创新、应对国际关注的培养学生全球胜任力的教学能力评价模块；三是要系统考虑和综合设计对教师的评价，学校支持、校长领导力、学校文化等都应该纳入评价范围；四是要关注教师非认知技能，尤其是职业道德的评价，如教师的情感教学、教学信念、职业理解、专业认同和职业健康等。

最后，还要将教师评价改革放在建设高质量教育体系的大生态系统中，构建以发展为导向的教师评价机制。教师评价的作用是促进教师的专业发展，而不仅仅是实现对教师队伍的管理功能，增强学校评价教师的自主权，要营造一种积极、自由、宽松的评价环境，拓展教师的自主空间。不同的学校，因其所处的社区环境、学生的社会经济背景、学生特征的差异性，使得教师的教学工作重点、针对性都会有一定的差异性。这就需要学校深入了解课堂教学实践，找到评价教师的关键，建立适合本校的教师评价制度。也只有这样，才有利于建立激发教师自主发展动力的评价机制，才能够真正促进教师的自主发展。

第二，发挥教师评价改革中"教师"的主体性和创新性作用。在教师评价中，教师既是客体，也是主体。教师既是这项工作的主要评价对象，同时，评价又是以激发每一位教师的活力和主动性为基础。因此，要确保评价能促进教师专业发展的主动性和积极性，就需要学校建立校领导、同事、教师、学生等全方位的评价反馈体系。校长要针对教师特征、专业发展优势和发展潜能提供建设性反馈。同事间可以借助学习共同体，通过互相的交流和学习，充分认识到自身的优势和不足，明确努力的方向。关于教师的自我评价，要使教师由被动接受评价转变为主动反省，只有这样，评价才能成为教师专业发展的"助推器"。

一方面，评价过程中要让一线教师真正参与进来，增加透明度、互动性。从源头抓起，让教师参与评价指标的研制，让每一位教师都能够及时了解和准确理解评价指标的内涵和具体的要求，增加教师和评价指标之间的互动。让教师感到评价是"与你一起"而不是"对你"，这样工作的开展才更容易被教师接受，并真正有效落地执行。

另一方面，评价过程中要创新整合好过程评价与各种评价之间的关系。如学校的年度教学评价、年度科研评价、岗位聘任评价、职称晋升评价，都要平衡好这些评价体系的关联性和一致性，对制定的目标进行整合和统一，切实减轻教师的负担，而不是增加教师的负担，让教师潜心育人。

第三，发挥信息技术对教育评价改革的赋能作用。教育评价改革创新，离不开充分利用信息技术。要充分利用信息技术，提高教育评价的科学性、专业性、客观性。无论是构建教师成长数据库，还是及时收集教师成长的过程性资料，都是为教师评价提供数据、为教师智能评价系统开发奠定基础。

例如，在教师增值性评价方式方法上的创新探索非常重要。增值性评价相当于人们常说的"进步奖"，是在尊重原有差异的基础上，体现了发展的理念，是一种催人奋进的评价。要做好增值性评价，一方面，我们需要有针对性的评价工具；另一方面，需要收集好过程性资料，如教师教育教学行为、学生培养、自身专业发展等，根据评价的相关指标做好相应数据的精准采集。更重要的是，需要借助信息化手段收集和分析数据。借助信息技术，教师评价能实现发掘教师潜质、激发教师内驱力、成就教师的价值目标，通过对教师过程性的数据采集和挖掘，实现预测和决策的目的。借助信息化技术手段，能够针对传统教学中"备课、上课、作业、辅导、评价"等环节，通过无感知的教学、研究、日常行为的数据采集，获得动态的基本情况，为教师发展支持提供科学的依据，也实现了"减负增效"。

总而言之，党的十九大宣告了中国经济社会发展进入新时代，新时代是需要作为的时代，也是能有作为和大有作为的时代。改革教师评价，还需要不同层级的教育管理部门、学校、教师、学生、家长、社会其他利益相关者共同关注、共同努力、联动协作，敢于突破、主动作为。在稳步推进教育评价改革的背景下，优先优化教师评价，不仅可以促进教师本身的发展，还可以促进教师转变学生评价观，更可以促进党委、政府、学校、社会等层面教育评价观念的转变形成，进而可以从整体上优化教育评价生态。

参考文献

【中文】

[1][波兰]彼得·什托姆普卡.信任:一种社会学理论[M].程胜利,译.北京:中华书局,2005.

[2][美]尤里·布朗芬布伦纳.人类发展生态学[M].曾淑贤,刘凯,陈淑芳,译.台北:心理出版社,2010.

[3]蔡永红.对教师绩效评估研究的回顾与反思[J].高等师范教育研究,2001(3):73-76.

[4]蔡永红,林崇德.教师绩效评价的理论与实践[J].教师教育研究,2005(1):36-41.

[5]蔡永红,林崇德,陈学锋.学生评价教师绩效的结构验证性因素分析[J].心理学报,2003(3):362-369.

[6]曹正善.信任的教育学理解[J].四川师范大学学报(社会科学版),2007(4):46-50.

[7]曾练平,杨忠萍,何明远,等.中小学教师工作—家庭促进与工作态度:社会支持的调节作用[J].贵州师范大学学报(自然科学版),2017(1):103-108.

[8]陈如平.杜威论民主的教育管理[J].高等师范教育研究,2001(1):57-62.

[9]陈玉琨.教育评价学[M].北京:人民教育出版社,1999.

[10]陈宗彬.发展性教师评价制度的基本理念及其实践[J].教育与职业,2009(8):51-53.

[11]邓小泉,杜成宪.教育生态学研究二十年[J].教育理论与实践,2009(5):12-16.

[12]丁笑梅.英国学校发展性督导评价改革及其启示[J].比较教育研究,2003(8):31-36.

[13]董银银,姬会会.再论教师绩效评价——基于国内教师绩效评价研究与实践的思考[J].现代教育论丛,2008(7):52-56.

[14]豆宏健.从信任人格、信任关系到信任文化——信任:发展与和谐的社会资本[J].

陇东学院报，2015（3）：63-66.

[15] 杜雪兴. 建立人本主义的教师管理机制 [J]. 巢湖学院学报，2003（2）：117-120.

[16] 范国睿. 教育生态学 [M]. 北京：人民教育出版社，2000.

[17] 冯契，徐孝通. 外国哲学大辞典 [M]. 上海：上海辞书出版社，2000.

[18] 符太胜，严仲连. 信任与信任危机：教师赋权增能的核心问题 [J]. 教育理论与实践，2014（25）：42-46.

[19] [美] 弗兰西斯·福山. 信任：社会道德和繁荣的创造 [M]. 李宛蓉，译. 呼和浩特：远方出版社，1998.

[20] 傅道春. 教师的成长与发展 [M]. 北京：教育科学出版社，2001.

[21] 顾明远. 教育大辞典（增订合编本）[M]. 上海：上海教育出版社，2002.

[22] 郭培凤. 美国教师候选人表现性评价研究——以 edTPA 项目为例 [D]. 上海：上海师范大学，2017.

[23] 何一栗，李洪玉. 成才始于动机 [M]. 天津：百花文艺出版社，2009.

[24] 侯定凯，万金雷. 中小学教师评价现状的个案调查——从促进教师专业发展的角度 [J]. 教师教育研究，2005（5）：49-53.

[25] 胡宝荣. 国外信任研究范式：一个理论述评 [J]. 学术论坛，2013（12）：129-136.

[26] 胡中锋. 教育评价学（第二版）[M]. 北京：中国人民大学出版社，2013.

[27] 花蓉，顾菲，王斌. 人本管理视角下的高职教师教学评价研究 [J]. 湖北开放职业学院学报，2020（11）：68-70.

[28] 黄晓华，梁晓丽. 当前教师评价中存在问题及对策 [J]. 教学与管理，2003（30）：24-25.

[29] 贾汇亮. 关于权变型教师评价的思考 [J]. 教育发展研究，2010（2）：60-63.

[30] 孔伟艳. 制度、体制、机制辨析 [J]. 重庆社会科学，2010（2）：96-98.

[31] 孔羽. 基于发展性评价的教师本科教学评价体系研究 [D]. 上海：同济大学，2007.

[32] 乐国安，韩振华. 信任的心理学研究与展望 [J]. 西南大学学报（社会科学版），2009（2）：1-5.

[33] 李攀，苏贵民. 教师职后发展不可或缺的动力：教育者的信任 [J]. 集美大学学报（教育科学版），2019（5）：9-13.

[34] 李尚明. 教师评价中奖惩性评价与发展性评价的整合 [J]. 教学与管理，2007（7）：26-27.

[35] 李晓延. 新时代教师队伍建设的重要意义 [J]. 人民论坛，2018（35）：121-123.

[36] 刘爱萍. 高校教师管理人本化研究 [D]. 长沙：湖南大学，2010.

[37] 刘范美. 中小学教师专业发展评价现状与对策探析——基于广东省粤北地区的调查 [J]. 教育理论与实践，2019（2）：34-36.

[38] 刘国飞. 基于教师专业发展的教师评价研究——以天津市三所中学为例 [D]. 天津：天津师范大学，2017.

[39] 刘红英. 新课程视野中教师评价的价值取向 [D]. 济南：山东师范大学，2003.

[40] 刘永富. 关于人本主义的若干问题——为考察纪之交的哲学走向而作 [J]. 武陵学刊，1996（4）：1-5.

[41] 娄欣生，周艳球，尤季仙. 试论以人为本的教师管理 [J]. 管理观察，2005（2）：49-50.

[42] 鲁文晓. 中小学教师专业发展评价体系的研究与探索 [J]. 成人教育，2013（3）：116-117.

[43] 罗建河. 教师的信任危机与教师专业化的进路 [J]. 教育科学研究，2009（3）：22-24.

[44] 孟卫军. 心理学与社会心理学视域下的信任研究 [J]. 中外企业家，2014（30）：235-236.

[45]［德］尼克拉斯·卢曼. 信任：一个社会复杂性的简化机制 [M]. 瞿铁鹏，李强，译. 上海：上海人民出版社，2005.

[46] 欧本谷，刘俊菊. 多元教师评价主体分析 [J]. 重庆大学学报（社会科学版），2004（2）：127-130.

[47] 饶从满，杨秀玉，邓涛. 教师专业发展 [M]. 长春：东北师范大学出版社，2005.

[48] 师海玲，范燕宁. 社会生态系统理论阐释下的人类行为与社会环境——2004 年查尔斯·扎斯特罗关于人类行为与社会环境的新探讨 [J]. 首都师范大学学报（社会科学版），2005（4）：94-97.

[49] 石艳. "共同生存"何以可能？——教育场域中信任问题的社会学审思 [J]. 华东师范大学学报（教育科学版），2007（2）：14-20.

[50] 司福亭. 论发展性教师评价与教师专业发展 [J]. 教育理论与实践，2009（24）：37-39.

[51] 宋宁娜. 西方人本主义教育思潮评述 [J]. 苏州大学学报（哲学社会科学版），2001（1）：116-123.

[52] 孙彩霞，李子建. 教师情绪的形成：生态学的视角 [J]. 全球教育展望，2014（7）：67-75.

［53］孙鹤娟.人本管理是学校文化管理的第一原理［J］.现代教育科学，2003（2）：15-17.

［54］孙阳春.教师专业化：以何为基点［J］.教育发展研究，2003（1）：58-59.

［55］唐胜宏.改革中小学教师评价制度的新举措［J］.柳州师专学报，2007（3）：130-132.

［56］陶西平.在"三个面向"指引下推进全面素质教育［J］.中国教育学刊，1998（5）：3-6.

［57］滕万峰.对构建教师评价机制的思考［J］.教育探索，2005（3）：123-124.

［58］王斌华.发展性教师评价制度研究［D］.上海：华东师范大学，2000.

［59］王斌华.一种有效的教师评价模式——校长—同事评价法简介［J］.当代教育科学，2003（10）：40-42.

［60］王斌华.教师评价模式：微格教学评价法［J］.全球教育展望，2004（9）：43-47.

［61］王斌华.教师评价：末尾淘汰制述评［J］.全球教育展望，2004（12）：62-66.

［62］王斌华.教师评价模式：教学档案袋［J］.教育理论与实践，2004（13）：24-28.

［63］王斌华.课堂听课评价法［J］.当代教育论坛，2005（2）：38-42.

［64］王凯，张文华.英国基础教育教师评价制度改革评鉴［J］.外国教育研究，2006（12）：68-72.

［65］王牧华，李若一.教师专业发展的生态视域：思维转向与视角转换［J］.教师发展研究，2018（1）：48-56.

［66］王祥权.教师教学评价工作的意义［J］.高中数学教与学，2018（8）：11-13.

［67］王小飞.英国教师评价制度的新进展——兼PRP体系计划述评［J］.比较教育研究，2002（3）：43-47.

［68］王晓莉，张世娇.社会生态系统理论下新手教师韧性发展机制研究［J］.教师发展研究，2018（2）：67-74.

［69］吴鼎福，诸文蔚.教育生态学［M］.南京：江苏教育出版社，2000.

［70］吴钢.现代教育评价基础［M］.上海：学林出版社，1996.

［71］吴琼."理解"视域的教师评价改革［J］.现代教育管理，2011（2）：90-92.

［72］吴新珍.高校教师绩效工资模式与特点［J］.江苏高教，2010（1）：100-101.

［73］谢安邦，李晓.电子档案袋在教师评价中的应用［J］.全球教育展望，2005（11）：76-80.

［74］熊岚.人本取向的高校教师评价研究［J］.高校教育管理，2007（1）：48-53.

［75］熊英.基础教育阶段教师评价：现状、问题及对策［J］.教育理论与实践，2017（36）：40-42.

［76］徐敏.构建人本化教师评价体系的思考［J］.长春工业大学学报（高教研究版），2008（1）：36-38.

［77］许锦秀，刘爱华.论以人为本的管理理念在中小学教师管理中的运用［J］.教学与管理（理论版），2006（6）：10-11.

［78］［美］亚伯拉罕·马斯洛.动机与人格［M］.许金声，等译.北京：中国人民大学出版社，2017.

［79］严玉萍.美国中小学教师同行评价研究的新进展［J］.外国教育研究，2008（7）：74-77.

［80］杨芳.新课改理念下的中小学教师评价改革趋向［J］.教育理论与实践，2005（6）：26-27.

［81］于晓琴，张家军.中小学教师教学评价主体及其体系建构探讨［J］.绵阳师范学院学报，2010（7）：129-131.

［82］袁宝明.社会关系网络产生信任——一种嵌入性视角［J］.陇东学院学报，2012（4）：118-119.

［83］袁炳飞.学校教育信任及其建设原则［J］.现代中小学教育，2003（9）：4-6.

［84］翟学伟.信任的本质及其文化［J］.社会，2014（1）：1-26.

［85］张红霞.新课改背景下教师评价的价值转向与实现方式［J］.现代中小学教育，2018（1）：75-78.

［86］张宏，杨晓艺，李莉.中学教育中师生信任问题探索［J］.内江师范学院学报，2005（1）：87-90.

［87］张华龙，刘新华.中小学教师评价研究的梳理与反思［J］.现代教育科学，2010（2）：125-128.

［88］张睿锟.高中教师发展性评价理念研究［J］.教学与管理，2010（6）：35-36.

［89］张文华.中小学教师专业发展评价存在的问题及改进策略［J］.教学与管理，2011（27）：41-42.

［90］张志泉，李银玲，蔡晨云.中小学教师自我评价探析［J］.当代教育科学·普教研究，2015（18）：7-10.

［91］赵德成.当前教师评价改革中的若干问题［J］.中国教育学刊，2004（7）：48-51.

［92］赵宏斌，惠祥凤，傅乘波.我国义务教育教师绩效工资实施的现状研究——基于对25个省77个县279所学校的调查［J］.教育理论与实践，2011（28）：24-27.

［93］赵中建.教师自我评价指标体系的建立及其应用［J］.全球教育展望,2004（11）：29–34.

［94］郑晓锋.克雷明教育生态学理论［J］.新课程（教育学术）,2010（3）：56–57.

［95］周文叶.开展基于表现性评价的教师研修［J］.全球教育展望,2014（1）：50–57.

［96］朱虹.信任：心理、社会与文化的三重视角［J］.社会科学,2009（11）：64–70,189.

［97］朱文辉.学术治理的内卷化：内涵表征、生成机理与破解之道［J］.高等教育研究,2020（6）：26–33.

［98］朱益明.中小学教师素质及其评价［M］.南宁：广西教育出版社,2000.

［99］庄瑶.基于发展性评价的中小学教师评价数据的收集研究［J］.教育现代化,2018（52）：352–356.

【英文】

［1］Bullock D. Assessing teachers: A mixed-method case study of comprehensive teacher evaluation［D］. Phoenix AZ: Arizona State University, 2013.

［2］Szymanski E M. Transition: Life-span and life-space considerations for empowerment［J］. Exceptional Children, 1994（5）：402–410.

［3］Jones S A, Giddens D P. A simulation to study the effect of device parameters on optimal Doppler spectral analysis methods［C］// Proceedings of the twelfth annual international conference of the IEEE engineering in medicine and biology society. New York: Institute of Electrical and Electronics Engineers, 1990.

［4］Van Lange P, Vugt M V, Meertens R M, et al. A social dilemma analysis of commuting preferences: The roles of social value orientation and trust 1［J］. Journal of Applied Social Psychology, 1998（9）：796–820.

［5］Lewis J D, Weigert A. Trust as a social reality［J］. Social Forces, 1985（4）：455–471.

［6］Morelock M L. Investigating promising practice of teacher evaluation in two California charter schools［D］. Los Angeles CA: University of Southern California, 2008.

［7］Nolan J F, Hoover L A. Teacher supervision and evaluation: Theory into practice［J］. Clinical Chemistry, 1971（8）：696–700.

［8］Stronge J H, Tucker P D, Hindman J L. Handbook for qualities of effective teachers［M］. Alexandria Virginia: ASCD, 2004.

［9］Lewis J D, Weigert A J. Social atomism, holism, and trust［J］. The Sociological Quarterly, 1985（4）: 455-471.

［10］Young J M, Heichberger R L. Teachers' perceptions of an effective school supervision and evaluation program［J］. Education, 1975（1）: 10-19.

附　录

评价机制现状调查——校/园长问卷框架及题目说明

（一）问卷框架

维度	评测点	信息	校长版（题号）	园长版（题号）
基本信息	个人信息	性别	1	1
		任职年限	2	2
		职称	3	3
	学校信息	办学属性	4	4
		学生规模	5	5
		专任教师规模	6	6
调研内容	评价制度	制度建设	7	7
		理念导向	9	9
	评价实施	评价主体及评价频率	8	8
		不同制度的评价主体	10	10
		不同制度的评价方式	11	11

（续表）

维度	评测点	信息	校长版 （题号）	园长版 （题号）
调研 内容	评价内容 / 评价主体	政治素养	15 a/b/c/d	15 a/b/c/d
		师德师风	15 e/f/g/h/i	15 e/f/g/h/i
		课堂教学 / 教育教学	15 j/k/l/m	15 j/k/l/m
		教学研究 / 教育教学研究	15 n/o/p	15 n/o/p
		专业研修	15 q/r/s/t	15 q/r/s/t
	评价应用	作用影响	12	12
		对改进教育教学的影响	14	13
		用途	13	14
	评价建议	改进需求及改进建议	16	16

（二）题目说明

第一部分　校 / 园长基本信息

1. 校（园）长背景特征对教师评价制度看法的影响

第 1 题：不同性别的校 / 园长在教师评价制度执行上认识的差异。

第 2 题：不同经验的校 / 园长（可分为不同任职年限的群组进行比较：1—5 年、6—10 年、11—15 年或 16 年及以上）在教师评价制度执行上认识的差异。

第 3 题：不同职称的校 / 园长在教师评价制度执行上认识的差异；不同专业素养的校 / 园长在教师评价制度认识上的差异。

2. 学校背景特征对教师评价制度执行和认识的影响

第 4 题：公办或民办校 / 园长在教师评价制度执行上认识的差异。

第 5—6 题：生师比是反映学校资源和条件的关键性指标。生师比在一定程度上可以反映教师对学生关怀程度、师生互动频率等。从生师比角度分析教师工作负担对教师评价工作理念（重教育教学结果、重教育教学过程）和评价形式等实施的影响。

第二部分　调研内容

第 7 题：不同类型教师评价制度的实施依据。本题可以了解学校在不同教师评价中的主体作用有何差异，在一定程度上也可以分析教育行政主管部门在"管"和"评"之间的放权程度。

第8题：不同评价主体评价教师的频率。本题的结果可反映不同评价主体在教师评价工作中发挥作用的强度。（按照校外、校内评价主体两大维度进行分析）

第9题：不同类型教师评价中的关键性指标。本题的结果可反映在不同教师评价制度中，校（园）长认为最重要的表现性指标，从而体现不同教师制度的评价理念：唯分数、唯升学、唯文凭、唯论文、唯帽子等。

第10题：不同教师评价制度中主要的评价主体。本题可集中反映上级行政主管部门、学校［校（园）长、校（园）内考核部门和教师］及校外机构（家长或学生）在不同教师评价中的参与度。

第11题：不同教师评价制度采用的主要评价方式。评测点是形成性评价结果（教师成长档案袋、教师反思小结、课堂观察等）与终结性评价结果（教师专业评测、学生成绩表现、述职汇报等）在不同教师评价中的运用情况。

第12题：校（园）长认为教师评价结果的运用及其效果。本题讨论教师评价结果对学校工作（如改善学校业绩、促进教师专业发展、提高教师薪酬）的影响程度。

校长版第13题、园长版第14题：教师评价结果的用途。本题分别从教师专业发展、奖励绩优教师和惩罚绩差教师三方面来体现教师绩效评价结果的使用。

校长版第14题、园长版第13题：教师评价后是否获得过反馈，以及反馈对教师改进教育教学的促进作用。本题集中讨论教师评价反馈对教师课堂教学五环节（校长版）/ 保教工作（园长版）的积极影响。

第15题：本题考察在教师评价内容的五大模块中，不同主体发挥的作用。选项 a—d 指向政治素养，e—i 指向师德师风，j—m 指向课堂教学（校长版）或教育教学（园长版），n—p 指向教学研究（校长版）或教育教学研究（园长版），q—t 指向专业研修。

第16题：本题旨在收集校（园）长对改善教师评价制度的建议，分别从评价内容、评价方式方法、评价流程、评价主体、评价反馈与结果应用五方面展开。

评价机制现状调查——教师问卷框架及题目说明

（一）问卷框架

维度	评测点	信息	中小学版（题号）	幼儿园版（题号）
基本信息	个人信息	性别	1	1
		教龄	2	2
		职称	3	3
		学历	4	4
		任教学段	5	
		班级规模	6	5
调研内容	评价制度	理念导向	7	6
	评价参与	不同主体的评价频率	8	7
		不同制度的评价主体	9	8
		不同制度的评价方式	10	9
	评价内容/评价主体	政治素养	12 a/b/c/d	11 a/b/c/d
		师德师风	12 e/f/g/h/i	11 e/f/g/h/i
		课堂教学/教育教学	12 j/k/l/m	11 j/k/l/m
		教学研究/教育教学研究	12 n/o/p	11 n/o/p
		专业研修	12 q/r/s/t	11 q/r/s/t
	评价应用	用途	11	10
		对改进教育教学的影响	13	12
	评价建议	改进需求及改进建议	14	13

（二）题目说明

第一部分　教师基本信息

第1题：不同性别的教师对教师评价制度认识的差异。

第 2 题：不同经验的教师（可分为不同教龄年限的群组进行比较：1—5 年、6—10 年、11—15 年或 16 年及以上）对教师评价制度认识的差异。

第 3—4 题：不同职称、不同学历的教师对教师评价制度实施体验的差异；不同专业素养的教师对教师评价制度认识的差异。

第 5—6 题（幼儿园版没有"任教学段"这一变量）：任教不同学段的教师在教师评价制度实施体验上的差异。生师比在一定程度上可以反映教师对学生关怀程度、师生互动频率等。从生师比角度分析教师工作负担对教师评价工作理念（重教育教学结果、重教育教学过程）和评价形式等实施的影响。

第二部分 调研内容

中小学版第 7 题、幼儿园版第 6 题：不同类型教师评价中的关键性指标。本题的结果可反映在不同教师评价制度中，教师认为最重要的表现性指标，从而体现不同教师评价制度的评价理念：唯分数、唯升学、唯文凭、唯论文、唯帽子等。

中小学版第 8 题、幼儿园版第 7 题：不同评价主体评价教师的频率。本题的结果可反映不同评价主体在教师评价工作中发挥作用的强度。（按照校外、校内评价主体两大维度进行分析）

中小学版第 9 题、幼儿园版第 8 题：不同教师评价制度中主要的评价主体。本题可集中反映上级行政主管部门、学校［教师、校（园）内考核部门］及校外机构（家长或学生）在不同教师评价中的参与度。

中小学版第 10 题、幼儿园版第 9 题：不同教师评价制度采用的主要评价方式。评测点是形成性评价结果（教师成长档案袋、教师反思小结、课堂观察等）与终结性评价结果（教师专业评测、学生成绩表现、述职汇报等）在不同教师评价中的运用情况。

中小学版第 11 题、幼儿园版第 10 题：教师评价结果的用途。本题分别从教师专业发展、奖励绩优教师和惩罚绩差教师三方面来体现教师绩效评价结果的使用。

中小学版第 12 题、幼儿园版第 11 题：本题考查在教师评价内容的五大模块中，不同主体发挥的作用。选项 a—d 指向政治素养，e—i 指向师德师风，j—m 指向课堂教学（校长版）或教育教学（园长版），n—p 指向教学研究（校长版）或教育教学研究（园长版），q—t 指向专业研修。

中小学版第 13 题、幼儿园版第 12 题：教师评价后是否获得过反馈，以及反馈对教师改进教育教学的促进作用。本题集中讨论教师评价反馈对教师课堂教学五环节（校中小学版）/ 保教工作（幼儿园版）的积极影响。

中小学版第 14 题、幼儿园版第 13 题：本题旨在收集教师对改善教师评价制度的建议，分别从评价内容、评价方式方法、评价流程、评价主体、评价反馈与结果应用五方面展开。

学校管理者访谈提纲

1. 贵校 / 园的教师评价制度整体设计如何？

2. 贵校 / 园教师评价的主要内容有哪些？采用了哪些形式？

3. 贵校 / 园教师评价标准是如何制定的？主要依据是什么？

4. 在您看来，哪些主体评价教师的效果最好？

5. 您对贵校 / 园教师在教师评价中的参与及表现满意吗？如何处理教师评价结果与奖惩、绩效考核、职称评定的关系？

6. 教师评价对您的管理工作有哪些具体的帮助作用？

7. 您认为市级、区级和校本教师评价存在的主要问题是什么？应该如何加以改进？

一线教师访谈提纲

1. 您所在学校的教师评价的主要内容包括哪些？主要采用哪些形式进行评价？

2. 通常都是谁对您进行评价的？他们有将评价结果反馈给您吗？如果有，是如何反馈的？

3. 您对自己在评价中的表现满意吗？教师评价的主要内容是您的工作表现，还是能力潜力？

4. 您的评价结果会被用于荣誉奖惩、绩效考核或者职称评定吗？您觉得结果运用公平吗？

5. 教师评价对您的教学改进、专业素养提升有哪些实际的帮助作用？如果有，体现在哪些方面？

6. 您或者学校其他同事在教师评价过程中发挥过什么作用？学校重视您或者其他同事对评价的看法和态度吗？

7. 您对教师评价制度改革还有哪些期望？

学生座谈提纲

1. 请你说说你最喜欢什么样的老师。

2. 目前，你最喜欢的老师是哪位？请用一段话来描述一下你最喜欢的这位老师。

3. 能讲讲老师们最令你感动或者最令你失望的一件事吗？

4. 在过去的一学年中，你给老师们的教育教学表现、师德师风、班级管理等方面打过分吗？你的爸爸妈妈给老师们打过分吗？

5. 除了打分外，你还用其他方式评价过老师们吗？具体是怎么做的？你最喜欢什么样的方式？

6. 你的评价受到学校和老师们的重视吗？老师们在课堂教学和班级管理中有什么转变吗？

家长访谈提纲

1. 请您谈谈您最喜欢什么样的老师。

2. 在过去的一学年中，您给老师们的教育教学表现、师德师风等方面打过分吗？您的孩子每学年都会评价老师吗？

3. 请您具体说说，您是通过什么样的方式来评价老师们的？这是您喜欢的方式吗？您觉得还有哪些方式更合适？

4. 您最看重老师们身上哪些特质或特征？这些是您评价老师时，或与其他家长在评论老师们时最常提到的吗？

5. 您觉得在评价老师们的过程中，依据您自身对老师们的判断作为标准比较好，还是学校给出一定的标准比较好？

6. 您的评价受到学校和老师们的重视吗？老师们在课堂教学和班级管理中有什么转变吗？

优秀教师叙事访谈提纲

1. 请您简要介绍一下您的个人工作（职业生涯发展）经历。

2. 您从事教师职业以来经历过哪些类型的评价？哪类评价频率最高？

3. 这些评价的具体内容都是什么？通过什么方式来评价？您还记得这些评价的主体都是谁吗？

4. 这些评价对您形成个人教学风格或者提升专业素养有什么样的影响作用？

5. 您觉得谁作为评价主体来评价您，您最信服？校外专家、教研员、校长、教研组长、同事等评价主体，分别对您的专业发展起到什么样的作用？家长和学生的评价对您的发展产生过积极作用吗？

6. 请您讲讲您印象最深刻、对您专业发展有一定重大意义的评价事件或者活动？

7. 从您个人专业发展的经历来看，对不同发展阶段的教师有必要采用不同方式的评价吗？如果有，大概可以分为哪些类型？

8. 您觉得目前教师专业发展的外部环境怎么样？如果建立一种评价生态或者评价文化，可以将哪些方面作为切入点？

9. 您觉得最令您满意的评价方式是什么？您是如何设计实施这种方式的？它是如何促进其他教师的专业发展的？

10. 您最赞同的教师评价理念是什么？

11. 在您看来，教师评价制度还应该如何进一步深化改革？

12. 您能简要谈谈您的个性、兴趣、生活方式、家庭环境对您专业成长的影响吗？

致 谢

教师评价既关乎着教师专业发展的质量和教师队伍的发展活力，也牵系着教育改革的发展方向。2017年，我到上海市教育委员会工作，开始分管人事处、信息办、国交处等的相关业务工作。自那时起，我就非常关注教师队伍的建设与专业发展问题。2018年9月，习近平总书记在全国教育大会上指出了"破五唯"，要"从根本上解决教育评价指挥棒问题"。这些顽瘴痼疾，实际上是教育发展到一定程度沉淀出来的问题，所以我也一直在思考，我们如何突破思路，以立为主、立破并举。

2019年，我有幸受教育部教师工作司委托，开展了"中小学（幼儿园）教师考核评价改革研究"（课题编号：JSSKT2019013），同时也指导了由上海市师资培训中心负责的上海市人民政府决策咨询研究教育政策专项课题"破除'五唯'与构建更加科学合理的教育评价机制研究"（课题编号：2019-Z-R08）。

在这两项研究中，我们系统地梳理了我国基础教育教师评价的政策导向，了解了我国基础教育教师评价机制实践的现状，掌握了上海基础教育教师评价实践的典型经验，开展了上海教师个体与评价体系互动的案例叙事研究，探索了教师评价文化与生态系统建设策略。我们发现，教师评价作为一个复杂的系统工程，它发生的过程需要一个个有效能的场域作为环境支撑。在这些场域中，评价相关的各个要素之间具有内在的关联性，因此，在审视教师评价制度的基础上，有必要考察兼顾教师个体性与社会性、内在性与外在性的整个评价生态系统。

怎样才能有效地"立"起教师评价改革的思路和落实路径？为此，我们提出了架构教师评价运作机制的"同心圆"，为生态视域下的教师评价体系内涵"支架子"；在评价内容的设计上，对教师在不同环境场域中的行为表现都有所关照，向内关注教师的个体生命历程和职业生涯历程的亲历与关键转衔，向外关注教师行为活动的场域和环境，为教师评价"开方子"；尝试构建区域层面的全体、全程、全息的教师评价生态运作机制模式，为区域和基层学校开展教师评价工作"建模子"；将运作机制中的每一个环节都转化为区域和学校可操作的实践任务，为教师评价实践的落地"找路子"。我们希望能够为以人本关怀丰富教师评价领域、以生态支持实现教师赋权增能、以改革创新激活教师动力和学校活力作一些理论与实践研究的探索。

上述研究过程和对策思路也为本书的成型和出版奠定了扎实的基础。所以，本书要特别感谢教育部教师工作司和上海市人民政府发展研究中心的经费资助和研究支持；感谢中国教育学会副会长尹后庆先生、浦东教育发展研究院原院长顾志跃研究员、华东师范大学庞维国教授和姜勇教授、上海市教育科学研究员黄娟娟研究员等专家的指导；感谢上海市教育委员会人事处李兴华处长和托幼工作处孙鸿处长对于项目实施的指导；感谢上海市师资培训中心周增为主任、杨洁老师、郭婧老师、陈鹏老师、朱园飞老师、赵孟笛老师、李铃蔚老师以及上海师范大学徐瑾劼老师组成的研究骨干团队，感谢他们严谨的研究态度、科学的研究设计、精准的研究数据分析和有创设性的研究思考。

感谢孙鸿处长对本书中教育评价生态系统提出的创新思路，感谢周增为主任在教师评价信任文化上的哲学价值引领。感谢朱园飞老师在第一章中破题而论，提出教师评价改革的迫切性，李铃蔚老师、陈鹏老师和郭婧老师在第二章中对教师评价改革理论基础的探究，郭婧老师在第三章中对教师评价政策的纵横多维研究，徐瑾劼老师、郭婧老师在第四章中以问卷、访谈和案例互证的形式呈现教师评价的实践现状，陈鹏老师在第五章中对教师个体与评价关系研究上富有创新的思考，杨洁老师在第六章改革策略上的智慧火花以及承担全书的统稿工作。我本人参与了第一章和第六章的撰写及全书的审稿工作。

我还要感谢一些优秀的教育家和教育实践工作者对本书中实证调查和学校案例分享的支持，包括上海市静安区教师教育学院附属学校张人利校长、华东师范大学附属第一中学陆磐良校长、上海市黄浦区卢湾一中心小学吴蓉瑾校长、上海市奉贤区洪庙小学何春秀校长、上海教育学会宝山实验学校张嬿副校长、上海市杨浦区本溪路幼儿园应彩云副园长等，以及虹口区教育学院、宝山区教育学院和崇明区教育学院的相关负责人。

最后，感谢上海教育出版社刘芳副社长、公雯雯编辑对本书的审校以及对本书提出的宝贵建议。

本书的初稿在 2020 年 6 月份时就已经基本成型。在修改过程中，巧逢中共中央、国务院发布《深化新时代教育评价改革总体方案》（以下简称《方案》），我们的撰写团队尝试着按照《方案》的引领方向，修订、增补了一些研究发现。但是，受当初研究设计的限制，并无法完全回应《方案》中提出的目标和任务。这也为我们继续深耕教师评价改革研究指明新的方向。我们也期望能够继续围绕教师评价改革这一话题，继续立足当下，挖掘真问题，探寻真办法，加强问题解决的针对性和有效性，以教师评价改革来促进教师的全面发展，从而驱动各项教育决策部署的贯彻落实。

与此同时，我们也要着眼未来，我们正站在国家"两个一百年"奋斗目标历史交汇期，教育发展将决定未来国家发展进程，我们期待能与更多有志于教师评价、教师专业发展的研究者，共同携手绘制新时代教师评价改革的蓝图。通过我们在教师评价改革方面所做的努力，能切实发挥评价的积极导向作用，充分激发教师潜力与活力。到 2035 年，实现教师综合素质、专业化水平和创新能力大幅提升，培养造就数以百万计的骨干教师、数以十万计的卓越教师、数以万计的教育家型教师。让广大教师在岗位上有幸福感、事业上有成就感、社会上有荣誉感，让教师成为让人羡慕的职业。

鉴于本书的撰写时间较为紧迫，限于研究团队的水平，疏漏及不当之处在所难免，欢迎大家批评指正。书稿已完成，但我们深化改革、实践落地的努力一直在路上。

李永智

2022 年 3 月

图书在版编目（CIP）数据

基础教育教师评价研究 / 李永智主编. — 上海：上海
教育出版社，2022.6
ISBN 978-7-5720-1385-0

Ⅰ.①基… Ⅱ.①李… Ⅲ.①基础教育－教育评估－
研究－中国 Ⅳ.①G632.47

中国版本图书馆CIP数据核字(2022)第094129号

总 策 划 刘 芳 宁彦锋
责任编辑 公雯雯 袁 玲
书籍设计 陆 弦

基础教育教师评价研究
李永智 主编
————————————————————————————
出版发行　上海教育出版社有限公司
官　　网　www.seph.com.cn
地　　址　上海市闵行区号景路159弄C座
邮　　编　201101
印　　刷　上海颛辉印刷厂有限公司
开　　本　700×1000　1/16　印张 13.25
字　　数　223 千字
版　　次　2022年8月第1版
印　　次　2022年8月第1次印刷
书　　号　ISBN 978-7-5720-1385-0/G·1091
定　　价　58.00 元
————————————————————————————
如发现质量问题，读者可向本社调换　电话：021-64373213